金融资产发行结构
与经济波动关系研究

Research on the Relationship between
the Financial Assets Issuance Structure and Economic Fluctuation

黄华一◎著

中国财经出版传媒集团

经济科学出版社
Economic Science Press

·北京·

图书在版编目（CIP）数据

金融资产发行结构与经济波动关系研究／黄华一
著 . --北京：经济科学出版社，2024.8. -- ISBN 978 -
7 - 5218 - 6186 - 0

Ⅰ. F830：F014.8

中国国家版本馆 CIP 数据核字第 2024WU8579 号

责任编辑：杜　鹏　武献杰　常家凤
责任校对：杨　海
责任印制：邱　天

金融资产发行结构与经济波动关系研究

JINRONG ZICHAN FAXING JIEGOU YU JINGJI BODONG GUANXI YANJIU

黄华一◎著

经济科学出版社出版、发行　新华书店经销

社址：北京市海淀区阜成路甲 28 号　邮编：100142

编辑部电话：010-88191441　发行部电话：010-88191522

网址：www. esp. com. cn

电子邮箱：esp_ bj@ 163. com

天猫网店：经济科学出版社旗舰店

网址：http：//jjkxcbs. tmall. com

固安华明印业有限公司印装

710 × 1000　16 开　11 印张　180000 字

2024 年 8 月第 1 版　2024 年 8 月第 1 次印刷

ISBN 978 - 7 - 5218 - 6186 - 0　定价：88.00 元

前　言

经济波动是宏观经济学研究的重要内容，防止经济剧烈波动、实现经济平稳较快增长是经济管理的重要目标。但由于经济运行的复杂性、经济要素的多元化等特点，影响经济波动的因素较多，学术界对引起经济波动的因素进行了深入剖析，一系列影响因素，如产业结构变迁、投资变动、政府支出调整、预期调整、金融要素的变动等成为普遍被接受的引发经济波动的重要因素。其中，金融作为影响经济发展的重要力量，对经济波动的产生形成重要影响，成为研究经济波动的重要抓手。

从目前可以追溯到的文献来看，学术界对金融与经济波动关系的作用机理和实现路径的研究，更多的是从金融作为供给要素的角度考察金融要素的变化对经济波动的影响。如通过信贷政策的变化、银行垄断等角度来研究金融与经济波动的关系。这种研究视角重点反映了金融对经济的作用力，但弱化了经济对金融的反作用力的考察。也有个别学者从金融结构乃至金融资产结构变动的视角来研究金融要素的变动与经济波动关系的作用机理，即金融结构的调整关系到经济变量的变动，进而表现为经济波动，不过这类文献较为鲜见。但从金融与经济的相互关系和衔接机制来看，金融资产结构是一个较好的研究金融与经济波动关系的指标。因为金融资产作为金融的基本构成要素，其结构的变化反映了市场中资金的偏好及流转方向的变化，从而引起经济要素量的增减，进而表现为经济波动，是观察和分析到经济波动的重要变量。

但现有的从金融结构角度乃至金融资产结构入手研究金融对经济波动的影响都是基于现有的对金融资产的划分视角展开的，这种划分的特点就是以金融资产的现有形态作为划分依据，也即从现有的金融资产所有人的角度计量金融资产，并将同类金融资产合并统计所形成的，所讨论的金融结构或者金融资产结构也是基于这种划分基础上形成的。但对于金融资产而言，既有所有者，也存在发行者。从金融资产的所有者角度来看，金融资产种类繁多，分析不同的金融资产之间的结构关系是不是能够完整涵盖经济波动的全部特征，尚值得商榷。但对发行方而言，则相对简单得多。因为经济是由实体经济与虚拟经济组成的，无论是哪一种金融资产，按照其发行方来说，要么是来源于实体经济，要么来源于虚拟经济，所以，两种类型金融资产结构就包含了所有原有的金融资产的量。同时，实体经济与虚拟经济也囊括了所有的经济要素，反映了经济主体的属性。而实体经济与虚拟经济发行的融资工具转化为金融资产的量反映了两大经济体从社会中获取资金的多少，同时也预示着两种经济体的发展趋势。对于两大经济体而言，谁发行的融资工具转化为金融资产的量越多，谁将占有更多的市场资金，也将拥有优先发展的权利，进而吸引市场资金的更大关注。比如对于实体经济而言，获取更多的社会资金，有助于其占有更为优质的社会资源以满足其发展所需，以此来提高生产的效率和财富的创造能力，形成实体经济繁荣的景象。而对于虚拟经济来说，获取更多的社会资金，则将助推虚拟经济金融资产收益上升，引导更多逐利资金进入，形成虚拟经济繁荣的景象。两大经济体发行的融资工具转化为金融资产的量不仅影响经济体自身的发展，更影响到了经济的稳定性，如果虚拟经济过度繁荣，从市场中吸纳过多的资金，势必会对实体经济投资产生"挤出效应"，当"挤出效应"大于"挤入效应"时，会影响到实体经济发展，造成经济波动，甚至导致金融危机。那么是否可以通过经济体发行的融资工具转化为金融资产的量以及两者之间的结构关系，来解释经济波动，并将两者所构成的金融资产结构作为观察经济波动的窗口呢？本书正是基于这样的考虑展开的研究。

本书在吸收现有研究成果的基础上，按照金融资产来源于实体经济和来源于虚拟经济的不同，将流入实体经济的资金置换的金融资产定义为实体经济金融资产，将流入虚拟经济的资金置换的金融资产定义为虚拟经济金融资产，将两种金融资产的结构关系定义为金融资产发行结构，这样就将实体经济与虚拟经济的关系与现有的能够从统计中分离的金融资产相对应，从金融资产的角度反映了实体经济与虚拟经济的协调程度，进而反映经济的波动情况。从这个视角去分析经济波动，首先，充分展示了金融的要素职能和服务社会经济的职能；其次，通过金融资产这个纽带，将经济波动与实体经济和虚拟经济联系在一起，也即将金融与经济联系起来，实现了经济波动影响因素内生化；最后，从金融资产发行结构的视角去研究分析经济波动，讨论金融资产结构与经济波动的关系，拓展了金融资产结构与经济波动研究的视角。

本书首先对经典理论进行了综述研究。在对马克思劳动价值论和财富论、马克思虚拟资本理论、金融结构理论以及结构功能统一律进行综述的基础上，进一步分析了实体经济与虚拟经济的关系。通过深入探讨现有研究中金融资产的划分依据、具体类别以及对金融资产和金融资产结构的研究内容，提出将金融资产结构作为经济波动的影响因素，研究金融与经济的关系。在此基础上，以实体经济和虚拟经济划分标准为依据，定义了实体经济金融资产、虚拟经济金融资产、金融资产发行结构，理论上分析了实体经济金融资产与虚拟经济金融资产的内涵，提出金融资产发行结构能够准确反映经济金融的契合度及经济波动情况，可以作为观察和研究经济波动的有效窗口。

其次，在现有统计的框架下离析出实体经济金融资产与虚拟经济金融资产。在实体经济与虚拟经济划分的理论基础上，按照资金流入实体经济与虚拟经济的不同，从现有金融资产的统计数量中离析出实体经济金融资产与虚拟经济金融资产。将贷款、一级市场股票筹资额、一级市场债券筹资额划归为实体经济金融资产范畴，将二级市场股票、债券以及股票型基金、金融衍生品、以套利为目的的房地产交易划归为虚拟经济金融资产范畴。以我国 1993~2019 年统计数据为基础，获取其间我国各年度实体经济金融资产和虚拟经济金融资产的量，同时计量了我国的金融资产发行结构，统计分析了实体经济金融资产、虚拟经济金融资产、金融资产发行结构的特点。

再次，理论分析了两类金融资产以及金融资产发行结构与经济波动的相互关系：一是分析了实体经济金融资产与虚拟经济金融资产各自的价值增值过程，阐明了实体经济金融资产与虚拟经济金融资产之间的关系以及实体经济金融资产、虚拟经济金融资产、金融资产发行结构与经济波动的关系，提出了实体经济金融资产与经济波动呈负相关、虚拟经济金融资产与经济波动呈正相关、金融资产发行结构与经济波动呈负相关的观点；二是理论推演了实体经济金融资产与虚拟经济金融资产以及经济增长之间的稳态关系，提出了当实体经济金融资产的增长率、虚拟经济金融资产的增长率以及经济增长率相等时，经济金融进入稳态的观点，并在此分析框架下，进一步论证了金融资产发行结构与经济波动的负相关关系。

最后，利用我国 1993~2019 年的数据，对金融资产发行结构与经济波动关系进行了统计分析和实证检验。统计分析证实了理论推演的结论，即金融资产发行结构、实体经济金融资产与经济波动呈负相关关系，虚拟经济金融资产与经济波动呈正相关关系。同时，探讨了实体经济金融资产和虚拟经济金融资产与经济波动的关系。构建了金融资产发行结构与经济波动的 VAR 模型，实证结果反映，金融资产发行结构是经济波动的格兰杰原因；从脉冲响应来看，当给予金融资产发行结构一个正的冲击，则造成经济波动的向下调整，即金融资产发行结构上升导致了经济波动的下降；方差分解进一步分析了金融资产发行结构的变动对经济波动的影响程度，研究发现，金融资产发行结构的变动最终解释了 45.5% 的经济波动，是解释经济波动的重要指标。实证检验验证了理论推演的结论，但同时也反映出实体经济金融资产与虚拟经济金融资产无法独立地解释经济波动，两者不构成经济波动的格兰杰原因，其各自对经济波动的解释力有限。

本书的重要主要贡献在于：一是拓展了金融资产的划分视角，将金融资产与实体经济与虚拟经济结合，按照发行方的不同将金融资产划分为实体经济金融资产和虚拟经济金融资产，有别于现有的对金融资产的划分，其为金融资产的进一步研究开辟了新空间；二是将金融资产结构与经济波动相关联，从金融资产发行结构的角度去解释经济波动，构建了一个新的观察经济波动的指标和视角；三是从理论上分析了金融资产发行结构与经济波动的关系，为金融资产发行结构与经济波动的关系奠定了理论基础；四是将金融资产发行结构作为预期冲击对经济波动影响的中间通道，完善了预期冲击对经济波动的解释路径。

黄华一

2024 年 7 月

目　录

第1章　绪　论 ··· 1

1.1　选题背景及研究意义 ···································· 1

1.2　研究内容及结构安排 ···································· 9

1.3　本书的创新与不足 ······································ 11

1.4　本章小结 ·· 13

第2章　理论基础及文献综述 ································ 14

2.1　理论基础 ·· 14

2.2　文献综述 ·· 27

2.3　本章小结 ·· 44

第3章　实体经济金融资产与虚拟经济金融资产的本质内涵 ····· 46

3.1　资产及金融资产的概念廓清 ······························ 47

3.2　现有金融资产分类的不足 ································ 49

3.3　实体经济金融资产与虚拟经济金融资产的概念及划分依据 ··· 52

3.4　实体经济金融资产与虚拟经济金融资产的涵盖范畴 ········ 60

3.5　按发行方不同划分金融资产的意义 ······················ 68

3.6　本章小结 ·· 72

第4章　金融资产、金融资产发行结构与经济波动关系的理论分析 ····· 73

4.1　资金、金融资产及金融工具相互关系辨析 ················ 74

4.2　实体经济金融资产与虚拟经济金融资产的价值增殖过程
　　　及相互关系 ·· 76

4.3　不同条件下金融资产发行结构与经济波动关系研究 ········ 83

4.4 实体经济金融资产、虚拟经济金融资产与经济增长的
稳态分析 ··· 91

4.5 本章小结 ··· 99

第5章 金融资产、金融资产发行结构与经济波动关系的统计分析 ······ **101**

5.1 经济波动的统计分析 ····································· 102

5.2 实体经济金融资产及其与经济波动关系的统计分析 ······ 108

5.3 虚拟经济金融资产及其与经济波动关系的统计分析 ······ 114

5.4 金融资产发行结构及其与经济波动关系的统计分析 ······ 121

5.5 本章小结 ·· 124

第6章 金融资产、金融资产发行结构与经济波动关系的实证检验 ······ **125**

6.1 时间序列回归分析理论与模型简述 ····················· 125

6.2 实证检验过程 ··· 133

6.3 本章小结 ·· 148

第7章 研究结论及政策建议 ······································· **150**

7.1 研究结论 ·· 150

7.2 政策建议 ·· 154

参考文献 ··· **159**

第 1 章

绪　论

1.1　选题背景及研究意义

1.1.1　选题背景

经济波动是宏观经济研究的重要内容，也是国家经济管理的核心话题。经济平稳健康地运行，既有利于社会预期的稳定，也是经济社会可持续发展的基础。面对风高浪急的国际环境和艰巨繁重的国内改革发展任务，如何实现经济的平稳较快发展是摆在经济学者和经济管理者面前的重要课题。中国是发展中国家，发展任务艰巨，保持经济在快速增长的情况下的相对平稳，是维护经济金融稳定、满足人民生活水平稳步提升、提高国家综合国力的必然要求。改革开放以来，我国经济进入快速发展阶段，根据国家统计局统计，相当部分年份，国民经济呈两位数增长（见表 1 - 1）。1978 ~ 2022 年的 45 年间，我国经济实现了年均 9.16% [1]的增长速度，国内生产总值（GDP）由 1978 年的 3678.7 亿元上升为 2022 年的 1210207.2 亿元，经济总量稳居世界第二，人均 GDP 从 1978 年的 385 元上升到 2022 年的 85310 元[2]。在国内生产总值持续上升的同时，居民生活水平逐步提升，以城镇居民人均可支配收入为例，1978 年城镇居民人均可支配收入为 343 元，2022 年则达到了 49283 元，上升了 143.68 倍；农村居民人均可支配收入由 1978 年的 134 元上升到 2022 年的 20133 元，上升了 150.25 倍[3]。然而，在经济高速增长的同时，经济波动如影随形。图 1 - 1 反映的是 1978 ~ 2022 年国内

---

① 由表 1 - 1 数据计算所得。
② 国家统计局. 中国统计年鉴 ［M］. 北京：中国统计出版社，2023.
③ 国家统计局. 中国统计年鉴 ［M］. 北京：中国统计出版社，1980 ~ 2023 历年版.

生产总值增长率经过 HP 滤波后的波动趋势。从图 1 – 1 中可以看出，45 年间，我国经济波动幅度较大，尤其是在 1978 ~ 1992 年，经济波动呈上下宽幅震荡，国内生产总值增长率标准差达到 3.37。1992 年后，国内生产总值增长率的标准差虽有所下降，但依然高达 2.68，而同期，美国国内生产总值增长率的标准差为 1.74，日本为 1.99，英国国内生产总值增长率的标准差为 3.01，全球同期总体的国内生产总值增长率的标准差为 1.68[①]。

表 1 – 1　　　　　　　　中国及部分国家经济增长数据

年份	中国 GDP（亿元）	中国 GDP 增长率（%）	美国 GDP 增长率（%）	日本 GDP 增长率（%）	英国 GDP 增长率（%）	全球 GDP 平均增长率（%）
1978	3678.7	11.7	5.5	10.1	4.2	
1979	4100.5	7.6	3.2	8.4	3.7	
1980	4587.6	7.8	– 0.3	9.6	– 2.1	2.15
1981	4935.8	5.1	2.5	7.5	– 0.7	2.05
1982	5373.4	9.0	– 1.8	5.1	2.0	0.69
1983	6020.9	10.8	4.6	4.1	4.2	2.60
1984	7278.5	15.2	7.2	6.1	2.2	4.57
1985	9098.9	13.4	4.2	7.4	4.1	3.63
1986	10376.2	8.9	3.5	4.9	3.1	3.59
1987	12174.6	11.7	3.5	3.9	5.4	3.87
1988	15180.4	11.2	4.2	7.5	5.4	4.65
1989	17179.7	4.2	3.7	7.7	2.4	3.78
1990	18872.9	3.9	1.9	7.7	0.6	3.43
1991	22005.6	9.3	– 0.1	6.3	– 1.4	2.66
1992	27194.5	14.2	3.5	2.6	0.2	2.31
1993	35673.2	13.9	2.7	0.7	2.3	2.03
1994	48637.5	13.0	4.0	2.5	3.4	3.22
1995	61339.9	11.0	2.7	2.1	2.4	3.34
1996	71813.6	9.9	3.8	2.7	2.6	3.91
1997	79715.0	9.2	4.4	1.5	4.9	4.01

[①]　由表 1 – 1 数据计算所得。

续表

年份	中国 GDP（亿元）	中国 GDP 增长率（%）	美国 GDP 增长率（%）	日本 GDP 增长率（%）	英国 GDP 增长率（%）	全球 GDP 平均增长率（%）
1998	85195.5	7.8	4.5	-1.3	3.4	2.61
1999	90564.4	7.7	4.8	-1.6	3.1	3.55
2000	100280.1	8.5	4.1	1.4	4.3	4.81
2001	110863.1	8.3	1.0	-0.7	2.6	2.47
2002	121717.4	9.1	1.7	-1.3	1.8	2.87
2003	137422	10.0	2.8	-0.1	3.1	4.26
2004	161840.2	10.1	3.8	1.0	2.4	5.41
2005	187318.9	11.4	3.5	0.6	2.7	4.84
2006	219438.5	12.7	2.8	0.5	2.4	5.40
2007	270092.3	14.2	2.0	0.8	2.6	5.56
2008	319244.6	9.7	0.1	-2.1	-0.2	3.09
2009	348517.7	9.4	-2.6	-6.2	-4.6	-0.12
2010	412119.3	10.6	2.7	2.1	2.2	5.46
2011	487940.2	9.6	1.6	-1.6	1.1	4.25
2012	538580	7.9	2.3	0.6	1.5	3.52
2013	592963.2	7.8	2.1	1.6	1.8	3.41
2014	643563.1	7.4	2.5	2.0	3.2	3.53
2015	688858.2	7.0	2.9	3.7	2.2	3.43
2016	746395.1	6.8	1.8	1.2	1.9	3.24
2017	832035.9	6.9	2.5	1.6	2.7	3.76
2018	919281.1	6.7	3.0	0.6	1.4	3.63
2019	986515.2	6.0	2.5	0.2	1.6	2.80
2020	1013567	2.2	-2.2	-3.2	-10.4	-2.80
2021	1149237	8.4	5.8	2.4	8.7	6.34
2022	1210207.2	3.0	1.9	1.3	4.3	3.48

资料来源：中国 GDP 及中国 GDP 增长率数据来源于国家统计局网站，其他国家数据来源于 Wind 数据库。

而经济波动与经济增长关系密切。从现有研究文献来看，虽然从理论分析来看，经济波动对经济增长的作用并不完全一致，如伯南克（Ber-

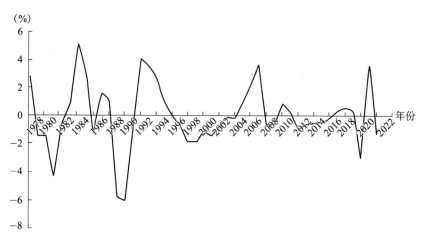

图 1 - 1　我国 GDP 增长率波动趋势

资料来源：国内生产总值增长率 HP 滤波值由作者通过 HP 滤波而得。

nanke，1983）和平狄克（Pindyck，1991）的研究认为经济波动抑制了经济增长，而布莱克（Black，1987）的研究则认为经济波动促进了经济增长。但在实证研究中，大多数的研究认为，经济波动抑制了经济增长[①]，尤其是国内的研究较为一致，大多数实证分析取得了经济波动与经济增长呈负相关关系的结论。如杜两省等（2011）对中华人民共和国成立以来的经济波动与经济增长关系的稳健性进行了实证检验，认为经济波动与经济增长之间存在较为稳健的负相关关系。董冠鹏等（2010）从区域经济波动与经济增长的关系进行了验证，得到我国的经济波动与经济增长在空间和时间两个维度上均较为显著地存在负相关关系。张屹山和田依民（2015）通过构建数理模型分析了经济波动与经济增长的关系得出了经济波动与经济增长呈负相关关系的结论，并依据月度分解的 GDP 环比增长率数据，通过建立GARCH（1，1）－M 模型验证了数理推理的结论。方福前等（2017）则进一步按照时间序列分解了不同时间段经济波动与经济增长的关系，通过改进的 AABM 模型研究经济波动与经济增长的关系得出，中国经济波动与经

---

① 这种实证研究结论的不一致性被学者解释为研究的跨区域性所致，因为在对经济波动与经济增长的研究中，国外的学者普遍采取了将不同国家的经济波动与经济增长纳入同一个研究框架进行研究，这种研究忽略了不同国家在历史文化、各自特点等方面的差异，因而出现了研究结论的差异性。针对这种情况，国内的学者将研究的着眼点放在了国内，从实证研究的结论来看，经济波动与经济增长之间存在负的相关关系（杜两省等，2011）。

济增长按照时间序列呈现先负后正再负的关系。周建军等（2020）从房地产市场波动视角观察了经济波动对经济增长的作用，结果显示两者之间存在负相关关系。

同时，作为经济波动的极端形态，金融危机也证实了经济波动对经济增长的负向关系。美联储在 2013 年的一份评估报告反映，由 2007 年美国次贷危机引发的金融危机给美国造成的损失达 6 万亿~14 万亿美元，危机造成美国损失非农就业机会 870 万个，峰值时全美失业人口达到 1470 万。而艾伦（Allen，2013）在《理解金融危机》中援引金德尔伯格（Kindleberger）的研究指出，在过去 400 多年的时间里，西欧大约每隔 10 年发生一次金融危机。另据博伊德（Boyd）等的估算，金融危机所造成的经济损失占危机发生前一年真实人均 GDP 的 63%~302%。有的金融危机所造成的损失更大，如 1997 年亚洲金融危机就对香港经济社会造成了重创，其损失相当于危机前一年真实产出的 10.41 倍。刘凯和贾相钟（2023）的研究也认为，2008 年全球金融危机对美国、英国和欧元区的人均国内生产总值造成的影响直至 2013 年才得以恢复到 2007 年的水平，这种冲击导致人均产出长期偏离危机前的增长趋势。从这些研究结论来看，经济波动对经济增长具有抑制作用。

金融是促进经济增长的重要力量，在经济社会发展中发挥着资源配置的积极作用，被誉为现代经济的核心。但同时，金融也是引发经济波动的重要外因素[①]，金融资源在配给的节奏、结构、质量上出现的偏差会对经济发展原有的均衡造成影响，导致旧均衡的打破和新均衡的形成，形成经济波动。而金融是金融组织、金融市场和金融产品的总称，金融之于经济就是通过不同的金融组织开发的金融产品在不同的金融市场进行交易而满足经济对金融的需求或金融对经济的支持，进而实现资金在不同主体之间的流转，发挥资金融通、财富增殖、分散风险的作用。所以，资金的流转是金融之于经济的外在表现，这些资金的流转都必须借助融资工具买卖或者金融资产的交易才能展开。因此，金融资产以及不同金融资产之间的结构关系就反映了不同市场主体之间资金的占用结构。这种不同的交易主体占有金融资源的量的不同，就导致不同的经济主体之间原均衡的打破和新均

[①] 关于金融引发经济波动的研究详见第 2 章。

衡的形成。因此，金融资产天然具有了反映经济体融资情况，进而可以反映金融对经济的冲击，从中可以有效地观察到经济的波动情况。

而经济可以按照形态的不同划分为实体经济与虚拟经济两大类，经济中不同的产业和部门也都可以划归为实体经济与虚拟经济的组成部分。在金融市场的交易中，两大经济形态内的各个部门所吸引的金融资产的总和也就反映了实体经济和虚拟经济两种经济形态对金融资源的吸引力和占有力。金融资产在实体经济与虚拟经济之间的分配情况以及调整变化将直接影响到实体经济与虚拟经济发展的结构关系，进而影响到实体经济与虚拟经济总量的均衡性。实体经济与虚拟经济旧均衡的不断打破与新均衡的不断形成，客观地反映了经济要么在向着实现实体经济与虚拟经济的最优均衡的方向推进，要么在向着偏离最优均衡的方向推进。无论这种推进方向如何，毋庸置疑的是，都是经济波动的反映，而区别无非经济波动在弱化或者在强化而已。两大经济主体发展中出现的这种此消彼长将关乎到经济整体的稳健性。源于 2007 年美国次贷危机引发的金融危机就被认为是实体经济与虚拟经济发展不匹配的所造成的恶果（杨圣明，2008）。因此，金融资产在实体经济与虚拟经济之间分配的结构变动能够反映宏观经济的波动情况，是观察和解释经济波动的因素之一。既然金融资产的这种分配关系与经济波动之间存在一定的联系，而且市场中交易的金融资产无非都是从实体经济和虚拟经济中发行出来的，那么是否可以从金融资产发行者的角度将金融资产按照发行方的不同进行划分，进而由实体经济发行的实体经济金融资产和由虚拟经济发行的虚拟经济金融资产两者之间的关系来反映经济波动呢？这是本书研究的出发点。

同时，在众多的经济波动影响因素中，预期冲击一直被认为是引起经济波动的重要因素，马克思就曾对此进行过论述。马克思在《资本论》第 3 卷第五篇第二十九章讨论虚拟资本时就曾指出，虚拟资本的市场价值，"一部分是有投机的，因为它不是由现实的收入决定的，而是由预期得到的、预先计算的收入决定的"[①]。但是，对于预期冲击通过怎样的途径传导到经济体系并形成经济波动，学术界的研究尚比较鲜见，而且结论也相对单一。如庄子罐（2012，2014）、赵根宏和林木西（2016）都借用了国际研究的惯

---

① 马克思. 资本论：第 3 卷［M］. 郭大力，王亚南，译. 上海：上海三联书店，2011：338.

例，将生产率预期冲击作为预期冲击的源头，通过生产率预期冲击影响消费习惯和投资调整成本来解释经济波动。而消费习惯和投资调整成本都是虚拟出来的变量，现有的经济数据无法有效直观地反映消费习惯和投资调整成本，这就使得研究变得比较困难以及缺乏可视化的原始数据来支撑本书的观点。而金融理论中，将金融与预期纳入同一个框架进行研究的一个典型理论为马科维茨在 1952 年发表《证券组合选择》时所提出的证券投资组合理论。该理论将预期与金融资产的配置相联系，用期望收益率和收益率的方差来衡量投资的预期收益水平和不确定性风险，并以此作为证券资产配置的依据，提出了预期变化导致资产配置结构不同的逻辑线路。那么，如果将金融资产按照本书的设计划分为实体经济金融资产和虚拟经济金融资产两大类，将金融资产的投资虚拟为一个单一的资产投资者来实施，则马科维茨的资产配置理论也就转化为实体经济金融资产与虚拟经济金融资产配置结构问题。如果能够通过研究得出金融资产结构与经济波动之间存在切实的相互关系，那么，金融资产发行结构是否可以作为预期冲击引发经济波动的解释路径呢？

图 1-2 为研究现状，图中的箭头为包含或作用方向，其中，实线为现有研究已有结论，虚线为现有研究尚未涉及的内容。本书试图对这些尚未涉及的研究领域进行探索，以完善经济波动解释路径，并据此提出平抑经济波动的政策建议。

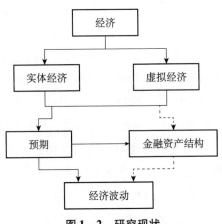

图 1-2　研究现状

1.1.2 研究意义

本书的目的是通过对金融资产结构与经济波动之间深层次的关联性的研究，厘清金融资产结构变动对经济波动的作用机理，并在此基础上，利用计量经济模型研究金融资产结构对经济波动的冲击影响程度，提出通过金融资产结构的调整平抑经济波动的具体路径，将金融资产结构作为观察金融与经济的契合度以及防范和处置经济波动的有效窗口，纳入宏观经济管理工具箱。本书的研究意义在于，一是扩展了金融资产的研究框架和分类方法，改变现有的从金融资产所有者的角度划分金融资产并对金融资产开展研究，转而从金融资产的发行方为着眼点，将金融资产划分为实体经济金融资产和虚拟经济金融资产两大类，拓展了金融资产研究的方法视角和研究视域。二是拓展了金融资产结构的研究空间，现有的研究将金融资产结构与经济波动进行关联研究的较少，本书通过将金融资产按照发行方的不同进行分割所形成的金融资产发行结构，开拓了金融资产结构的研究空间，为进一步的研究奠定了基础。三是通过两者关系的理论推演以及实证研究，论证了金融资产发行结构与经济波动关系，并通过方差分解分离出了金融资产发行结构的变动对经济波动的影响程度，从实证角度丰富了经济波动的影响因素。四是完善了预期冲击对经济波动的作用机制。虽然预期冲击引发经济波动这一观点由来已久，但预期冲击是通过怎样的途径引发经济波动的，现有的研究尚没有全貌式地予以展示，而只是对部分的环节或者节点进行了论证，本书的研究进一步丰富了现有研究，形成了资产投资者预期的变化对经济波动的作用路径，即金融资产收益率预期的变化→投资实体经济金融资产和虚拟经济金融资产量的调整→金融资产结构的变化→经济基本面与金融资产价格的背离或趋于向好→金融资产泡沫的扩张或者消减→引发经济波动，丰富了预期冲击引发经济波动的传导链条。五是为平抑经济波动带来了新的视角，既然实体经济金融资产与虚拟经济金融资产之间的结构与经济波动关系密切，而且经济波动与经济增长呈现负相关关系，作为经济管理部门可以通过平抑经济波动的措施形成促进经济增长的正向效应，为平抑经济波动、促进经济稳步增长提供了政策依据和实现路径。

1.2 研究内容及结构安排

本书从经济与金融的关联关系出发,按照经济体系可以划分为实体经济和虚拟经济两大类的分析方法,将经济体系中融资工具按照发行于实体经济和发行于虚拟经济的不同,将经过市场交易形成的金融资产划分为实体经济金融资产和虚拟经济金融资产两大类,以此来反映实体经济和虚拟经济对社会资金的吸引能力,并借此反映市场对实体经济与虚拟经济发展的预期,进而通过研究两者之间的结构关系来研究经济波动。这种划分方法有别于现有的金融资产结构研究的主要方面在于,它把实体经济与虚拟经济作为研究的出发点,把实体经济与虚拟经济发行的金融资产作为研究对象,从金融资产角度考察金融与经济整体的关系,防止在进行金融资产与经济波动分析时因为金融资产涵盖范围的有限性而影响了分析的有效性,导致对两者关系判断出现偏差。同时,通过将金融资产与流入实体经济与虚拟经济的资金相结合,就能够全面准确地判定哪些金融资产所对应的资金为实体经济所使用,而哪些金融资产所对应的资金被虚拟经济所使用,这样就为解释实体经济发展、虚拟经济发展以及两者与实体经济金融资产、虚拟经济金融资产之间的结构关系找到了研究的立足点,也为从金融资产的角度研究经济波动乃至金融危机搭建了研究的平台。

本书是在规范分析的基础上,通过相关数据对规范分析的结果进行实证检验。通过规范分析,从理论上回答了为什么可以将金融资产按照实体经济与虚拟经济的不同进行划分以及划分的理论依据是什么,依照实体经济与虚拟经济的不同,构建的金融资产发行结构与经济波动之间的关系到底如何;通过实证检验,检验通过理论研究建立起来的相互关系的有效性,分析金融资产发行结构变动对经济波动的影响程度,进而为经济管理增添新的研究方法和工具。图 1-3 为本书研究内容的总体框架。

第 1 章绪论介绍了本书的选题背景、研究意义,并在此基础上明确了研究的对象和研究的主要内容,并归纳了本书研究的不足以及创新点。

第 2 章综述了本书研究的理论基础以及现有对金融资产结构、经济波动以及金融资产结构与经济波动关系的研究成果。以马克思劳动价值论与财富论、马克思虚拟资本理论、结构功能统一律以及金融结构理论为研究的理论基础,分析了金融资产发行结构与经济波动的关系,综述了金融资产、金融资产结构、

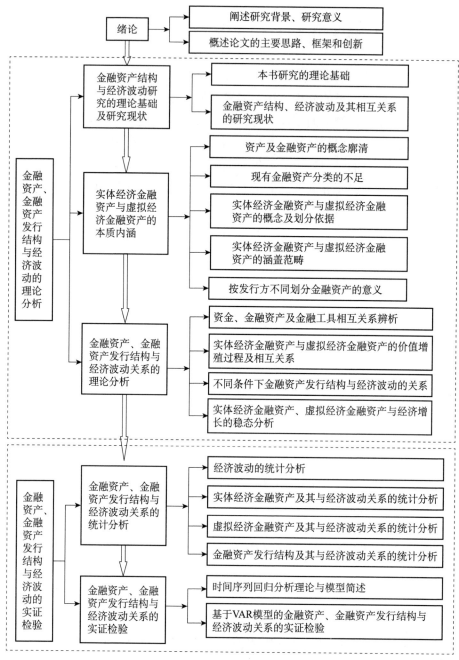

图1-3 研究内容总体框架

经济波动以及相关关系的研究现状，为建立实体经济金融资产与虚拟经济金融资产之间的结构关系以及以这种结构关系研究经济波动奠定了基础。

第3章界定了实体经济金融资产与虚拟经济金融资产范畴，集中阐述了将金融资产划分为实体经济金融资产和虚拟经济金融资产的依据、实体经济金融资产与虚拟经济金融资产的涵盖范围，以及将金融资产划分为实体经济金融资产与虚拟经济金融资产的理论和现实意义，形成了将金融资产按照实体经济金融资产与虚拟经济金融资产进行划分有助于更准确地观察和分析金融与经济之间的关系，是管理经济的有效窗口的观点。

第4章从理论上回答了实体经济金融资产与虚拟经济金融资产所构建的金融资产发行结构与经济波动的相互关系：首先从理论上分析了实体经济金融资产、虚拟经济金融资产的价值增殖过程，全面分析两者的特点；其次规范分析了经济增长率、实体经济金融资产增长率、虚拟经济金融资产增长率之间的最优状态，构建了最优金融资产结构与经济协同发展的理论框架，从数理角度规范论证了最优金融资产结构的存在性，并进一步论证了金融资产发行结构的变动对经济波动的影响。

第5章对实体经济金融资产、虚拟经济金融资产、经济波动以及相互之间的关系进行了统计分析。在第3章廓清实体经济金融资产与虚拟经济金融资产范畴的基础上，从我国1993~2019年统计的金融资产数据中离析出实体经济金融资产与虚拟经济金融资产量，统计分析实体经济金融资产、虚拟经济金融资产、经济波动以及相互之间的关系。

第6章基于计量模型实证金融资产、金融资产发行结构与经济波动之间的相互关系。利用1993~2019年我国的金融资产、金融资产发行结构以及经济波动数据构建VAR模型，实证理论分析与统计分析结果，同时分析了实体经济金融资产、虚拟经济金融资产与经济波动的关系，考察了是否可以单纯通过两种金融资产来研究经济波动的猜想。

第7章是对全书研究结论的总结以及政策建议。通过对研究的总结，对平抑经济波动、促进经济稳健增长提出了政策建议。

1.3 本书的创新与不足

1.3.1 本书的创新点

1. 将金融资产根据发行方的不同划分为实体经济金融资产与虚拟经济

金融资产两大类型，创新了现有对金融资产的研究视角和划分方法。同时，从实体经济与虚拟经济的范畴入手，厘清了实体经济金融资产与虚拟经济金融资产的涵盖范畴，开拓了金融资产的研究空间。

2. 在全面阐述实体经济金融资产、虚拟经济金融资产内涵的基础上研究了两者之间的相互关系以及两者形成的金融资产发行结构与经济波动之间的关系，通过资金这个桥梁将金融资产与实体经济、虚拟经济相连接，根据实体经济与虚拟经济的既往研究，从理论上阐明了金融资产发行结构引发经济波动的作用路径，丰富现有研究成果。

3. 通过数理模型分析了金融资产最优结构的存在性，推导了最优金融资产结构的关系模型，分析了最优金融资产结构存在的条件。构建了金融资产发行结构与经济波动的 VAR 模型，实证了金融资产发行结构与经济波动之间的关系。

1.3.2 主要不足

首先，将房地产交易的虚拟部分从虚拟经济金融资产中剔除，缩小了虚拟经济金融资产量。在虚拟经济的划分中，现有的划分方法将房地产包括在内，当然，这里的房地产指的是为了通过持有并销售获取收益的部分，而且房地产业确实在虚拟经济市场中因被作为投资对象进行投资而引发了一系列问题[1]，这也是中央"房住不炒"政策的初衷。但是碍于房地产兼具实体性和虚拟性的特征，现有的数据统计无法有效区分哪些房地产交易属于实体经济部分，而哪些房地产交易属于虚拟经济部分，虽然也曾经力图将其予以区分，但碍于数据分离存在的困难以及研究方法的不成熟，准确区分尚存在一定的困难，所以本书借鉴已有的研究方法，未将房地产列入虚拟经济范畴，这样无形中缩小了虚拟经济金融资产的总量，影响了研究金融资产发行结构对经济波动影响程度的精准度，尽管这种缩小并不影响研究的结论。

其次，研究变量的容量较小。由于受到我国两个证券交易所设立的时间限制，本书仅从 1993 年开始采集数据，致使数据相对比较少，研究的精准度受到了限制。

---

① 此次次贷危机的源头即为美国的房地产市场泡沫。

1.4　本章小结

　　本章是本书的绪论部分，阐述了本书研究的选题背景及研究意义，概括了本书研究的思路及结构安排，同时，分析了本书的创新点及不足，为进一步的研究奠定了基础。

理论基础及文献综述

2.1 理论基础

2.1.1 马克思劳动价值论及财富论

马克思关于价值的论述和关于财富的论述是马克思主义政治经济学的重要内容，它全面阐述了价值是什么、价值从何而来、财富是什么、财富从何而来，以及价值和财富之间的关系等基础性问题，为研究现实问题提供了坚实的理论基础。

马克思价值理论是马克思分析价值来源、分解商品价值构成实体、理解马克思剩余价值理论的基础。他首先从社会普遍存在的、代表社会财富的商品入手，揭示了价值的来源及其属性。指出"资本主义生产方式支配着的社会的财富表现为'庞大的商品堆积'，而以单个的商品为元素形态。所以，我们的研究，必须从商品的分析开始"。① 作为交换对象的商品能够为社会所需求并在市场上进行交易，源于商品所固有的两因素性：一是商品具有使用价值，也就是商品所具有的满足人类某种特定需求的属性，即有用性，这是一种商品区别于其他商品的基础。商品有用性差异表现为特定商品仅能满足人类的特定需求，在人类生活需求不断提升的条件下，商品之间的相对稀缺及富有开始显现，不同的商品之间开始相互交易，以提高商品使用效率，满足人们生活质量提升的需求，物物交换应运而生。二是商品所共有的凝结在其中的无差别的人类劳动，即商品的价值，生产不同的商品所占用的无差别的人类劳动量的不同，构成了不同商品之间价值

---

① 马克思.资本论：第1卷［M］.上海：上海三联书店，2011：1.

不同的根源，也就成为不同商品相互交易的对价基础。马克思进一步分析认为，商品的这种二因素性源于劳动的二重性，"从一方面看，一切劳动，就生理学的意味说，都是人类劳动力的支出。它，当作同一的或抽象的人类劳动，便形成商品价值。从另一方面看，一切劳动，都是人类劳动力在特殊的合目的的形态上的支出。它，当作具体的有用劳动，便生产使用价值"①，即无差别的人类一般的抽象劳动形成了商品的价值，而生产商品的具体劳动有目的性地形成了商品的使用价值。所以，马克思劳动价值理论可以表述为如下两个方面：一方面是商品具有价值和使用价值二因素，而同时，劳动有抽象劳动和具体劳动二重性；另一方面是抽象劳动创造了商品的内在价值，而具体劳动实现了商品的使用价值。

　　而对于财富，马克思认为，"不论财富的社会形式如何，使用价值总是构成财富的物质内容"②"使用价值的量的增加，即是物质财富的增加"。③也即具有有用性的物质才是社会财富的物质基础。同时，马克思指出，与价值的唯一源泉是劳动不同，"劳动不是它所生产的使用价值的唯一源泉，换言之，不是物质财富的唯一源泉。威廉·配第（William Petty）说得好，劳动是物质财富之父，土地是其母"④。恩格斯在《自然辩证法》一书中更进一步揭示劳动与财富的关系，他指出，"政治经济学家说：劳动是一切财富的源泉。其实，劳动和自然界在一起才是一切财富的源泉，自然界为劳动提供材料，而劳动把材料变为财富"。⑤所以，财富的生产过程是劳动与马克思定义的两个"简单要素"，即劳动对象和劳动资料，共同作用的结果。财富中，有以人类抽象劳动结晶的物质财富的新价值，同时包含了原有物质财富的转移价值。马克思解释说："种种商品体，皆是二要素的结合，即自然物质与劳动。把上衣、麻布等物中含有的各种有用劳动的总和除外，总有一个不借人力而天然存在的物质基体，遗留下来。"⑥

　　从马克思、恩格斯的经典论述中可以得出结论：财富的形成一定是物

---

①　马克思．资本论：第 1 卷［M］．上海：上海三联书店，2011：10.
②　马克思．资本论：第 1 卷［M］．上海：上海三联书店，2011：2.
③　马克思．资本论：第 1 卷［M］．上海：上海三联书店，2011：9.
④⑥　马克思．资本论：第 1 卷［M］．上海：上海三联书店，2011：7.
⑤　马克思、恩格斯．马克思恩格斯选集：第三卷［M］．北京：人民出版社，1972：508.

质的生产资料、生产对象与无差别的人类劳动共同作用的结果形成有别于原有生产资料的使用价值的新的使用价值的过程，这种使用价值从物质属性而言，一定是突破了原有生产资料的使用价值，同时具有了新的、更高的使用价值。这种在劳动作用下使用价值的升级就表现为财富总量的增进。所以，财富的形成过程可以借助资本循环公式予以展现：

$$G - W \begin{cases} A \\ P_m \end{cases} \cdots P \cdots W' - G'$$

其中，W 是生产物质财富的要素，包括劳动力 A 和生产资料 P_m，…P…表示生产过程生产出新的商品 W'，新的商品 W' 具有使用价值和价值两种要素，形成了新的物质财富。而 G 和 G' 反映的是物质财富生产的前端和后端，前端衡量的是生产物质财富必须投入的人类劳动以及生产资料、劳动对象等的价值量，而 G' 衡量的是新生产的物质财富的价值量。后端与前端的差值反映了财富增殖部分。在财富生产过程中，之所以用 G 和 G' 来衡量物质财富的价值量，因为在商品经济条件下，满足财富生产的非劳动要素同样也是商品，由于其富含科技或者具有一定的专有性而成为相对稀缺的资源，要获取这些资源以满足特定的财富生产，就需要更多的、高于对手的出价才能够获取所需要的资源，马克思将这种能够获取优质资源的资源定义为"抽象财富"，意指可以转化为具体财富的一般财富。那么在财富生产过程中，G 的多少将决定财富生产中能够获取多少优质的劳动力以及非劳动要素，如果说劳动力及非劳动要素的好坏、多少决定财富增长的质和量的话，那么实现对这些优质资源占有的"抽象财富"也将成为财富增长的决定力量。

马克思理论为本书的进一步研究奠定了如下理论基础：一是劳动是价值和使用价值创造的源泉，同时，劳动和劳动对象、劳动资料一起创造了社会财富。虽然马克思和恩格斯均指出，劳动并不是使用价值创造的唯一源泉，但没有劳动介入的使用价值创造也是无法实现的，只有劳动介入，并参与到使用价值创造中，才能够实现财富值的上升，也就是才能够有新的有别于投入品的使用价值被创造出来。同时，仅有劳动的介入而没有其他物质资料的参与，新的商品的使用价值也不能被创造出来。所以，使用价值创造的过程必须是劳动与物质资料共同作用、一起参与的结果，任何不具备这一条件的，都不可能有真正意义上的使用价值创造出来。二是商品的使用价值就是社会财富的表现形式。一切经过劳动参与、针对劳动对象、使用劳动资料、经过生产所产生的物质就是物质财富，就是人类社会为此孜孜以求、不断追求的对象，人类社会的发展过程就是不断生产新的物质财富用以满足人们生产生活所需的过程，"社会经济越发展，劳动生产率越高，社会的财富越增进；而社会财富越增进，人类社会也越发展，二者相互依存、相互促进"。① 三是社会财富的创造过程可以通过资本循环公式直观地展示出来，一个资本循环公式有机地将劳动与生产资料结合在一起，同时反映了价值增殖及使用价值的形成过程，将价值创造与使用价值创造同时展示出来，为本书后续的研究奠定了研究基础。

2.1.2　马克思虚拟资本理论

马克思虚拟资本理论是马克思理论的重要组成部分，全面系统地阐述了虚拟资本的基本内涵、运行特征、定价模式，是分析和认识现代经济重要的理论基础。

马克思对虚拟资本的讨论是从生息资本开始的。马克思指出，生息资本作为一种特殊的资本形态，其有别于其他资本形态的是"资本是当作商品出现的，或者说，货币变成当作资本的商品。"② 他把生息资本流转过程表示为：$G-G-W-G'-G'$，其中，$G-G$ 的过程为货币由货币所有者转移到专业投资者的过程，马克思将这个专业投资者称为"机能资本家"。他举例说，假如 A 有 100 镑，A 之所以将 100 镑转移给 B，由 B 对商品 W 进行投资，其核心是"资本当作会产生货币的货币"③。而 $G'-G'$ 是"货币实际转化为资本，通过 $G-W-G'$ 运动，并在 G' 的形态上，回到 A 手里"。整个交易过程中，"最先把这 100 镑当作资本支出的，实际是 A……就这 100 镑来考察，B 所以是资本家，仅因 A 把 100 镑让渡给他，这 100 镑被当作资本支出"。④ 所以，货币被当作能产生使用价值——实现增殖的商品时，货币的资本属性就显现了。"货币资本家在一定期间内，把他对于所贷资本的支配权让渡于产业资本家，在这期间内，由货币资本家支付到产业资本家手

①　卫兴华. 马克思的价值论与财富论的联系与区别 [J]. 经济纵横，2009 (6)：1-3.
②　马克思. 资本论：第 3 卷 [M]. 上海：上海三联书店，2011：238.
③　马克思. 资本论：第 3 卷 [M]. 上海：上海三联书店，2011：241.
④　马克思. 资本论：第 3 卷 [M]. 上海：上海三联书店，2011：237.

里的就是货币当作资本的使用价值——生产平均利润的能力。"① "假设平均利润率为20%。在这场合，价值100镑的机械，在平均条件下，凭平均程度的智力和目的活动，当作资本运用，就会提供一个20镑的利润。所以，一个有100镑的人，便在手中握有一个使100镑变为120镑的权力，或者说，握有一个生产20镑利润的权力，他就在他手里握有一个100镑的可能资本。"② 所以，生息资本的本质是商品，它的使用价值是可以为资本所有者带来收益并实现自我增殖。

当商业信用和银行信用制度达到一定程度，"流通行为 G－W 和 W－G′——一定的价值额，就是在 G－W 和 W－G′的流通行为中，当作货币或商品来发挥机能的——不过是媒介的过程"③，虚拟资本也就产生了，其运动过程可以通过 G－G′来表示。对于虚拟资本，如国债，马克思认为，"都是幻想的、拟设的资本"④，对于债券，马克思也认为"债务证券——有价证券——虽不和国债一样纯然代表幻想的资本，但这种纸券的资本价值，也纯然是幻想的"。⑤ 他同时认为，"股票不过是一种所有权证，证明它对于这个资本所能实现的价值，有要求一个比例部分的权利而已"。⑥ 因为虚拟资本是生息资本的高级形态，生息资本本质就是一种商品，因此，虚拟资本也是一种商品，"A 可以把这个权证售予 B，B 可以把这个权证售于 C。但这样的交易，对于事情的性质，不会有些微的影响。在这个场合，A 或 B 把他的所有权证化为资本了，C 却把他的资本化为单纯的所有权证。有了这个权证，他对于股份资本所可望有的剩余价值，就有分取一份的权利了"。⑦ 对虚拟资本的购买者而言，其关心的是虚拟资本能够给其带来多少未来收益，而并不关心是从谁手里获得的资本，如 A 将所有权证卖给了 B，而 B 又将所有权证卖给了 C，对于 C 而言，从 A 或从 B 处购买权证均不影响其未来收益情况，无论 A 或者 B 是第一手交易者还是若干手以后的交易者。因此，虚拟资本的另一个重要特性就是无限流转性，即可以在众多的市场参与者中进行交易且虚拟资本的市场交易价格并不会因为交易的频次多少

---

① 马克思．资本论：第3卷［M］．上海：上海三联书店，2011：246.
② 马克思．资本论：第3卷［M］．上海：上海三联书店，2011：236.
③ 马克思．资本论：第3卷［M］．上海：上海三联书店，2011：244.
④ 马克思．资本论：第3卷［M］．上海：上海三联书店，2011：336.
⑤ 马克思．资本论：第3卷［M］．上海：上海三联书店，2011：337.
⑥⑦ 马克思．资本论：第3卷［M］．上海：上海三联书店，2011：338.

而受到影响。

相对于实物资本的交易价格受商品中所蕴含的以人类一般劳动为基础的价值约束不同，虚拟资本的"价格有它们的特殊的运动和确定方法"①，它的"市场价值，一部分是投机的，因为它不是由现实的收益，而是由期待的收益计算决定的"② "它的价值，常常只是资本化的收益。那就是，依照通行利息率，根据一个幻想资本来计算的收益"。③ 这种资产的"价格下落，和'这种纸券对所有者保证的收益（例如国债券）是否确实不变'这件事，毫无关系；也和'它所代表的现实资本的价值增殖（例如产业上的投资），曾否因再生产过程阻滞而受影响'这件事，毫无关系"。④

马克思虚拟资本理论为本书的进一步研究提供了如下理论支撑：一是虚拟资本的循环可以通过 G－G′ 来表示。在生息资本环节，资本购置商品并出售，通过低买高卖来实现资本的价值增殖，而在虚拟资本阶段，资本本质上成为商品，代表着一定量的货币额，购买虚拟资本以实现价值增殖的过程直接通过 G－G′ 来实现。二是虚拟资本的定价来源于市场预期。与产业资本和商业资本交换的对象是实实在在、具有内在价值的物不同的是，虚拟资本是一种虚幻的资本，仅仅代表一种收益的请求权，这种请求权与资本本身所反映的现实资本"毫无关系"。"只要这种减价不表示生产之现实的停滞，不表示铁路运河交通之现实阻滞，不表示已经开始的企业的停止，不表示资本在毫无价值的企业上的抛弃，国富不会因为名义上的货币资本的泡沫发生破裂而减少一个钱"。⑤ 从这个意义上来说，虚拟资本的价格波动就是市场预期变化的结果了。三是虚拟资本是一种商品。这种资本的特性在于其能够在市场中进行反复交易，按照市场的预期，能够为其购买者带来收益，实现价值增殖。

2.1.3　金融结构理论

金融结构理论是金融发展理论的重要内容，自从 1960 年格利和肖（Gurley & Shaw）出版《金融理论中的货币》，对金融工具、金融机构、融

---

①②③④　马克思. 资本论：第 3 卷［M］. 上海：上海三联书店，2011：338.
⑤　马克思. 资本论：第 3 卷［M］. 上海：上海三联书店，2011：339.

资方式和金融政策等金融的结构性问题进行了初步探讨，1969 年戈德史密斯（Goldsmith）出版《金融结构与金融发展》，明确提出金融结构的概念，并进行了系统的论述以来，金融结构逐步成为学者们追逐的研究领域。成学真和黄华一（2016）从金融与经济的关系出发，将金融结构理论划分为如下三个方面。

2.1.3.1 金融结构供给论

在考察金融与经济增长的关系时，学界一般将金融促进经济增长的相关研究观点划归为金融促进论，而金融促进论的实践意义在于，既然金融是促进经济增长的重要力量，那么就可以通过对金融的人为调整来满足经济增长的需要。在金融结构理论的研究中，也存在这样一类观点，即在经济社会工作中，为了实现金融发展，促进经济增长，可以通过外力来推动金融结构演进。本书将这种通过对金融结构的人为调整促使其满足经济增长需要的观点称为金融结构供给论。

可以纳入金融结构供给论的研究观点主要出自于戈德史密斯（Goldsmith）、麦金农（McKinnon）、莱文（Levine）、昆特（Demirgüç-Kunt）、马科维茨（Markowitz）、泽尔沃斯（Zervos）等，以及国内的学者如左志刚、张立强等开展的金融结构优化研究。

戈德史密斯是金融结构供给论的创始人，他于 1969 年出版的《金融结构与金融发展》通过对 1860~1963 年 35 个国家样本数据的研究发现，金融中介的规模与金融部门提供的金融功能的质量呈正相关，可以通过对规模的提升来实现服务经济功能的提升。在此理论的基础上，他创造性地通过构建以金融相关率（financial relative ratio，FIR）为中心的金融结构度量指标来度量金融结构发展，这些指标最终成为政府管理机构度量金融结构发展情况以及采取措施、调整金融结构的依据，得到了广泛使用（戈德史密斯，1990）。

戈德史密斯之后，麦金农、肖分别出版了他们的专著《经济发展中的货币和资本》和《经济发展中的金融深化》，分别从金融深化和金融抑制的角度研究金融与经济增长的关系，认为发展中国家经济增长滞后的原因是存在金融抑制，要放弃过分的干预和管制，应通过金融深化来推动经济增长。他们的理论虽然没有特别强调金融结构问题，但他们认为发展中国家存在金融抑制问题，而金融抑制总是与金融结构无法实现与经济的协同关联在一起的，即金融结构存在扭曲，需要外力的调整。所以，麦金农和肖的金融深化理论本质上需要金融结构的不断调整和优化，其中隐含着对金融结构的人为供给，所以也是金融结构供给论的重要理论基础（罗纳德·麦金农，1988；爱德华·肖，1988）。

之后，对金融结构理论的研究主要集中在对戈德史密斯理论的实证分析和检验以及对戈德史密斯理论的修正及完善上。较为重要的修正来自于昆特和莱文。因为随着历史的发展，原来戈德史密斯所预料的金融相关率提高到一定程度后就会趋于稳定，并且经济发达国家的金融相关率要比经济欠发达国家的金融相关率高很多的预言被打破，国际社会出现了一些国家如马来西亚、中国的金融相关率正在接近或赶上发达国家的水平（劳平和白剑眉，2005），这说明以金融相关率为主要依据对金融结构进行划分与经济事实不符。为此，昆特和莱文（Kunt & Levine，1999）采用 M_2 或 M_3 占 GDP 的比重来考察金融发展水平，并以他构造的金融结构综合指数为依据，将样本国家划分为银行主导型和市场主导型两类，这种划分方法引发了较长一段时间的讨论，而且延续至今，国内的学者彭俞超（2015）、景光正和盛斌（2022）、杨大宇等（2023）在分析金融结构时都沿用了这种划分方法。

2.1.3.2　金融结构需求论

金融结构供给论的研究时间长、成果丰富、影响较为深远，讨论的焦点最终集中在市场主导型与银行主导型孰优孰劣上，观点各异，无法达成一致。在这种情况下，有的学者另辟蹊径，开启了新的研究视角，最具代表性的就是林毅夫提出的"最优金融结构理论"。林毅夫（2009）认为，一个经济体的要素禀赋结构决定着其最具竞争力的产业、技术结构和具有自生能力的企业的特征。而另外，不同的金融制度安排在资金动员规模、克服或缓解信息不对称、节约交易成本、分散风险方面具有各自的优势和劣势。因此，处在一定发展阶段的经济体应当具有与其要素禀赋结构所决定的最优产业结构相适应的"最优金融结构"，即金融体系中各种金融制度安排的比例构成及其相互关系需要与该经济体的要素禀赋结构内生决定的产业、技术结构和企业的特性相互匹配，才能支持具有比较优势的产业和具有自生能力的企业的建立和成长。龚强、张一林和林毅夫（2014）更进一步考察了银行和金融市场在不同经济发展阶段对产业发展的不同作用，指出金融结构受制于产业结构、经济环境，金融结构的调整有赖于产业升级和经济增长，选择银行体系还是市场体系，既受到两种融资渠道制度安排特殊性的约束，也有赖于经济发展阶段和产业特征的要求。新结构经济学理论提出以后，林毅夫团队进一步从新结构经济学的视角提出了金融结构受到要素禀赋结构的影响这一观点，即在分析一个经济体的金融结构时，应当以该经济体在每个时点随时可变的要素禀赋结构作为分析起点（林毅夫等，2023）。金融结构的需求论观点也得到了其他学者研究结论的支持，如姚德权和刘润坤（2023）的研究表明，经济因素对金融体系发展具有基础性作用，凌永辉（2023）从构建新发展格局出发提出经济运行与资金流动的特定过程决定了金融结构调整路径。

林毅夫的最优金融结构理论虽然是对争论不休的市场主导型还是银行主导型的分歧的调和，但更重要的是其提出的金融结构的调整动力源于经济体的需求，而非如金融结构供给论认为的可以人为调整，这就构成了金融结构需求论研究的基础。金融结构需求论是金融从属论在金融结构研究领域的深化，强调金融结构不以人们的意志为转移，能够促进经济发展的金融结构一定是与产业发展的阶段、成熟度相适应的，任何人为的推动不仅不会促进经济发展，而且可能阻碍经济发展，甚至导致金融体系的不稳定。

这种基于实体经济需求推动的金融结构调整的金融结构需求论不仅得到了理论上的论证，同时也得到了实证的支持。林毅夫（2003）通过对全球制造业 1980～1992 年数据在经验分析的基础上证明，只有金融结构与产业结构相匹配，金融才能够支撑制造业的发展。孙杰（2002）利用发达经济体和新兴经济体的数据比较研究了金融结构与经济发展的关系，其研究结果并不支持金融深化理论中通过金融刺激经济发展的结论，而认为经济增长是金融结构调整的原因。陈邦强、傅蕴英和张宗益（2007）考察了我国 1978～2005 年的金融市场化的数据发现，中国金融市场化在短期内并没有促进经济的增长，反过来，经济的增长则促进了金融中介市场化，而金融市场化过程就是金融深化和发展的过程，这一过程必然带动金融结构的调整变化（周业安等，2005），间接印证了金融结构的调整源于经济增长的论断。武志（2010）利用戈德史密斯的指标体系对我国 1978～2000 年金融发展与经济增长的关系进行研究发现，虽然金融增长能够促进经济增长，但金融发展的内在决定性因素却只能来自于经济增长。李健和范祚军（2012）通过对广东、湖北、广西三省（区）的数据进行实证分析后发现，地区经济结构的调整通过对金融机构及其金融业务需求的改变引起地方金融机构创设、迁入或退出，从而影响区域金融结构变动，而不是金融结构影响经济结构。王文倩和张羽（2022）应用 1995～2020 年省级面板数据通过实证认为，当金融结构的调整满足了产业结构升级需求时，即当金融结构和产业结构升级的匹配度契合时，金融可通过提升资源配置效率来推动经济增长，既金融结构受制于产业结构需求的影响，只有在两者契合时，金融的功能才能得到有效发挥。

昆特等（Kunt et al.，2011）则更进一步运用跨国数据构建了金融结构与经济因素之间的关系模型，论证了最优金融结构的存在性，并利用实际金融结构与最优金融结构之差构建了金融结构缺口指标，研究了金融缺口程度与经济增长之间的关系，首次实现了最优金融结构由定性分析到定量分析的过渡，为推动最优金融结构理论向纵深发展奠定了基础。

2.1.3.3　金融结构功能论

与金融促进论及金融从属论相应的是金融无关论。与此相对应，金融结构理论体系中也有一种观点认为金融结构与经济增长无关，林毅夫（2012）将其总结为两类：一类观点是由贝克等（Beck et al.，2001）提出的，他们认为，影响一个国家经济增长的是金融的发展程度，是金融的深度而不是金融的结构和经济发展有关；另一类观点是"法律制度相关论"的观点，它认为决定金融系统稳定性的重要因素是法律制度（La Porta et al.，1998，2000）。特别是，这种观点认为金融结构是以银行为主还是以金融市场为主与经济增长无关；相反，它认为是整体的金融发展影响了经济增长。无论是第一类观点关注的金融深度还是第二类观点关注的金融发展，其关心的都是金融作为要素服务经济发展的效率，而金融效率是建立在金融具有相应功能的基础上的，所以，其本质是关注金融功能而不是金融结构对于经济增长的作用。这种观点与默顿和博迪（Merton & Bodie，1995）和莱文（Levine，2002）提出的金融功能观相符。

但这种强调金融功能而非金融结构影响经济增长的观点忽视了金融结构与金融功能的内在关联性，将金融结构与金融功能界定为两个独立的研究范畴。从本质上来说，金融结构与金融功能息息相关，金融结构是金融要素的比例关系，而金融功能是不同比例关系的金融要素作用于经济增长的效能，金融结构不同，经济服务经济增长的效能就存在差异。这个缺陷被白钦先等学者的系列研究所填补。白钦先（2009）的研究不仅肯定了金融结构与金融功能的这种相关性，同时，他认为金融结构与金融功能存在对应关系，即不同的金融结构对应不同的金融功能。他指出，一定的金融工具和金融机构形成一定的金融组织，一定的金融组织形成一定的金融产业，一定的金融产业形成一定的金融结构，而一定的金融结构具有一定的金融功能。他同时认为，合理的金融结构通过提供积极有效的金融功能来满足经济社会的需求，而不合理的金融结构不仅不能满足经济社会的需求，更重要的是可能会对经济社会发展产生负效应（白钦先，2006）。而这种负效应背离实体经济的金融需求，扭曲金融资源的配置效率，进而破坏经济社会的发展（龚强、张一林和林毅夫，2014）。彭俞超（2015）的研究则将金融结构无关论与白钦先等的金融结构不同、金融功能不同，进而对经济增长的效能不同的观点纳入同一个探究框架。他通过对 46 个国家 1989 ~ 2011 年的面板数据的分析认为，在金融结构达到最优状态时，金融结构确如金融结构无关论所持有的观点一样，对经济发展无关紧要，但金融结构处于最优状态是临时的、短暂的，当金融结构偏离最优金融结构的情况下，不同的金融结构因为其功能不同，对经济增长的影响也就不同，金融结构即成为经济增长的影响因素，只不过这种相关性不是金融结构直接作用在经济增长上，而是通过金融结构所具有的金融功能来实现的。现实中所强调的金融结构优化的目的是实现金融功能组合的不断优化，以提高金融体系的整体功能，最终促进经济增长。李晓和邱晶晶（2023）的研究实证了银行主导和市场主导两种金融结构的功能差异，认为市场主导型金融结构比银行主导型金融结构更有利于提升经济韧性，而在推进金融市场发展中，银行主导型金融结构对经济韧性的提升效应明显优于市场主导型金融结构。

2.1.4 结构功能统一律

结构功能统一律是一个哲学命题，是系统论研究的主要对象。所谓结构功能统一律即结构与功能的内在对应及其相互作用的规律，它是在现代科学技术和社会实践基础上对事物的结构与功能的本质的普遍揭示和概括

（刘锋，1989）。结构功能统一律研究的结构，按照《辞海》的解释，就是各个部分的配合和组织，从哲学的角度看，就是系统的诸要素之间的构成关系（坚毅，1999）。所以对结构而言，是针对组成这个系统的要素来说的，是系统中的要素按照一定的比例关系而形成的相互关系。因此，研究结构的基础是要素。要素是组成系统的基础，要素不同，组成的系统自然不同。关于这种差异，一个重要的判定渠道就是系统所具有的功能，是一对系统对他系统发生关系时做功的能力（坚毅，1999），如氢原子和氧原子按照 2:1 的关系组成的系统与碳原子和氧原子按照 1:2 的关系组成的系统的功效肯定是不同的。不同的要素按照不同的结构关系组成的系统，其功能自然也就相差甚远。而相同的元素按照不同的结构关系组成的系统，其功能也是千差万别。如建造大楼所用的混凝土，在使用相同的水泥、砂石及水以及相同的搅拌设备的情况下，由于三者之间的配合比例的不同而形成不同的混凝土，具有不同的强度，有的混凝土强度很高就可以用于预制桥梁箱体，具有较强的抗压能力，而有的混凝土只能用于浇筑混凝土路面，抗压能力明显降低。为什么具有相同的构成元素，而功能却存在如此大的差异呢？其核心是要素结构的不同。如用于建造高层建筑、大型桥梁、水坝等的 C50 混凝土，其水泥:砂子:碎石的比例为 1:1.35:2.4，而用于浇筑人行道面、地面的 C15 混凝土的水泥、砂子、碎石的比例为 1:1.8:2.39，三个要素结构的不同，导致混凝土强度差异很大。相同的要素、不同的结构表现出的系统整体具有不同的功能。再比如，同时将 6 个氢原子、2 个碳原子、1 个氧原子组合在一起，既可以构成乙醇分子（CH_3CH_2OH），也可以构成甲醚分子（CH_3OCH_3），但两种物质却截然不同，乙醇的沸点是 78.3℃ 而甲醚的沸点却为 -25℃，所以乙醇被用来做燃料而甲醚被用来做制冷剂。所以，事物或系统的整体结构主导着整体功能的质和量（刘锋，1989）。

同时，结构功能统一律认为，系统的功能也会反作用于系统的结构。系统的结构与系统的功能之间大致有三种关系：第一种情况是要素结构合理，这有助于结构整体性能的形成和强化，如"三个臭皮匠顶个诸葛亮"就是典型的结构合理而效能扩张的结构；第二种情况因结构不合理而阻碍、干扰和破坏整体性能的形成和强化，如"三个和尚没水吃"，意欲将 6 个氢原子、2 个碳原子、1 个氧原子组合在一起形成燃料乙醇，却生成了甲醚，这种结构的不合理影响和干扰了系统整体功能的形成和发挥；第一种情况是互补效应，而第二种情况是离散效应，第三种情况是对整体性能没有改变的中性效益。作为对系统的评价，在功能未全面发挥作用的情况下，对功能的调整就涉及对系统结构的重构。如果意欲形成乙醇而形成了完全不符合初衷的甲醚，那么这种功能的出现也是为评价和调整因素结构提供了依据和标准。

另外，结构功能统一律也认为，在一定条件下，结构和功能相互转化。一定的结构在特定的环境下具有特定的功能，这种结构可能阻碍了系统功能的发挥，但是随着环境的变化，在另一个环境条件下，这种结构内部诸要素又互补，形成的系统的功能远超单个要素功能的叠加。如在严寒的冬季，人们需要多加衣物，衣物结构与身体本身所形成的整体系统能够充分抵御外部严寒，而这个系统的结构在夏天却完全不适用。衣物和身体并未发生实质性的变化，而且结构也是相同，但是在不同的环境下，其发挥的功能却不同，在严冬，这个结构所带来的效用是高的，功能发挥得自然就好，而在酷暑，这个结构带来的效用是低下甚至是负的效用，则系统功能的发挥自然就差。

按照结构功能统一律，金融系统要素的金融资产按照不同的比例关系构成的金融资产结构也就具有了不同的功能，这也是从系统论的角度响应了白钦先教授提出的金融结构功能论（成学真和黄华一，2016）。有的金融资产的结构是充分发挥了金融系统作用于经济系统的功能，而有的金融资产结构则是阻挠了金融系统对经济系统的功能，成为影响和制约金融系统发挥作用的主要原因，金融系统作用于经济系统的功效就因为这种结构的不同而可能发挥了负效应，如由此次金融危机演化而成的经济危机。同时，金融资产的结构与功能由于环境的变化而发生变化，比如因为各国的消费观念的不同，有的国家居民的负债率高，而有的国家居民崇尚量入为出，其负债率就低，作为居民而言，以低负债率的消费习惯生活在高负债率的环境中，就可能影响了其消费的充分享受。又如，美国的金融资产结构因为国度和环境的差异就不一定满足中国乃至日本的需求。所以，金融资产的结构不同，则功能不同，对经济的影响也就不同。

2.2 文献综述

2.2.1 金融资产及金融资产结构研究现状

金融资产结构是金融结构的重要内容，也是金融结构研究的深化和延展，是在金融结构研究的基础之上，通过对金融资产这种金融系统的要素之间形成的结构关系的研究，来更深层次地反映金融与经济之间的运行关系、契合程度乃至风险隐患，它也是探索经济与金融关系的又一个重要窗口。但金融资产概念的形成和统一经过了一定的时间，金融资产的划分也经历了不断的完善和更新的过程，所以，对金融资产结构的研究也就因为金融资产的划分方法的不同而有所不同。

2.2.1.1 金融资产的划分

如同资产的广泛性一样，金融资产范围广阔，在研究金融资产时，出于不同的研究需要，对金融资产进行了一定的划分。目前，对金融资产的划分传统上主要沿着三个方向展开。

一是从会计的角度出发，将金融资产划分为库存现金、银行存款、应收账款、应收票据、其他应收款项、股权投资、债券投资和金融衍生品等，并从资产计量的角度出发，将金融资产进一步划分为四类，即以公允价值计量且其变动计入当期损益的金融资产、持有至到期投资、贷款和应收款项、可供出售金融资产。这种划分是依据金融资产会计准则展开的。在金融资产准则的研究制定方面，美国财务会计准则委员会（FASB）和国际会计准则理事会（IASB）始终走在前列，也相应开发了两套较为成熟的金融资产会计准则体系。其他国家和地区如加拿大、澳大利亚、日本、中国和欧盟也有相应的研究，但都是借鉴了 FASB 和 IASB 的研究或者本身就是在其研究范围之内。但由于 FASB 和 IASB 在金融工具的分类与计量这个重要议题上存在实质性分歧（邵毅平等，2014），如资产负债表在多大程度上采用公允价值计量、公允价值变动在什么情况下可以进入其他综合收益、是否允许金融资产重新分类以及采取何种标准进行分类等，金融资产的划分还没有完全实现统一。我国从 2006 年开始建立了与国际会计准则委员会制定的金融资产会计准则相趋同的会计准则，在金融资产的划分上主要依据的是 IASB 的划分标准。

二是从统计的角度出发，按照国民经济核算体系，将金融资产划分为国内金融资产、国外金融资产以及储备资产，其中，国内金融资产包括通货、存款、贷款、证券（不含股票）、股票及其他股权、保险准备金及其他，国外金融资产包括直接投资、证券投资以及其他投资。国际上同时存在两大国民经济核算体系，一个是产生于苏联、东欧等高度集中的计划经济国家的物质产品平衡表体系；另一个是产生于英国，继而为西方发达市场经济国家广泛采用的国民账户体系（许宪春，2002）。从 1993 年联合国发布国民账户核算体系（SNA）以来，其被国际社会普遍采用，我国也在1992 年颁布实施《中国国民经济核算体系（试行方案）》基础上，经过全面系统的修订，制定出台了《中国国民经济核算体系（2002）》，其基本与国际标准相衔接，满足了经济管理和对外交流的需要（许宪春，2003）。相较金融资产会计准则而言，国民经济核算体系对资产范围进行了明确界定，资产是根据所有权界定的经济资产，也就是说，资产必须为某个或某些单位所拥有，其所有者因持有或使用它们而获得经济利益。由于这种核算方法被国际上众多国家所采纳，因而也使得其在核算统计上具有了一致性，所以，关于金融资产的研究也多采用这种划分方法。

三是法博齐和莫迪利亚尼（1998）从金融资产研究的角度提出的金融资产分类方法，他们将金融资产分为传统金融资产和衍生金融资产，其中，传统金融资产包括货币资产、信用资产、权益资产和外汇资产。其中，货币资产包括实物货币、信用货币、电子货币，信用资产包括票据、贷款和债券，权益资产包括优先股、普通股，外汇资产包括现钞、现汇。衍生金融资产包括金融远期、金融期货、金融期权、金融互换等。相比前两类的金融资产划分方法，这种划分方法将金融资产按照职能进行了归并。

在这三种划分方法之外，也有学者从研究的角度出发将金融资产划分为其他类别。如戈德史密斯（1996）将金融资产划分为债权和股权两类，同时将债权划分为对金融机构的债权和对非金融机构的债权两类。谢平（1992）将金融资产按照对金融机构总债权、对非金融机构总债权以及政府对银行借款、股票等来划分，这种划分方式有助于研究不同资产在不同部门的结构关系。易纲（1996）则将中国的金融资产划分为流通中现金、金融机构存款、金融机构贷款以及有价证券（债券、股票等）。以上的划分方法都是在国民经济核算体系正式出台以前的划分方法，因当时划分思路的不统一所致。易纲（2008）则依照国民经济核算体系的划分方法将中国金融资产划分为国内金融资产、国外金融资产两大类，其中，国内金融资产分为对国内金融机构债权、对国内非金融机构债权以及股票等三类，国外金融资产包括对外直接投资、证券投资、其他投资及储备资产四类。相比较国际货币基金组织（IMF）的划分方法，因为统计数据的不可获得性，其将金融衍生品排除在金融资产范畴以外。而张海云（2010）则将金融资产界定为以信用关系为特征、货币流动或资金流通为内容的债权和所有权资产，主要包括手持现金、储蓄存款、债券、股票、基金、外汇和保险单等，并将金融资产划分为非风险性金融资产和风险性金融资产两类，其中，非风险性金融资产是指手持现金、储蓄存款和短期国债等风险等级低或者没有风险的金融资产，而风险性金融资产是指持有该类资产具有一定的风险性，包括债券、股票、基金等。林四春和何小峰（2011）则通过对国民经济核算体系分类方法的进一步完善，将金融资产划分为货币资产、信贷资产、交易性资产、非经营投资、经营投资、金融衍生产品、保险准备金、储备资产，较之国民经济核算体系单列了交易性资产，并将经营投资与非经营投资相区分。陈孝明和张可欣（2020）则按照金融资产的流动性将金融资产划分为流动性金融资产和非流动性金融资产，从金融资产具有的"蓄水池"效应和"挤出"效应角度分别阐述了流动性金融资产和非流动性金融资产对创新投资的影响。而刘贯春等（2023）则将金融资产划分为流动性和投资性，研究了两类金融资产对企业杠杆率的"蓄水池"功能和"替代品"功能。这些研究也为本书拓宽金融资产划分提供了新视角。

2.2.1.2　金融资产结构

所谓结构是指组成整体的各个部分的搭配和安排。基于这个定义，本书将金融资产结构定义为各种金融资产之间的相互搭配和安排，也就是各种金融资产相互之间的比例关系。

1. 金融资产结构的划分方法。鉴于金融资产划分方法的差异以及学者们研究金融资产结构目的的不同，学术界对金融资产以及相互之间的结构在概念和范畴上也不一致。王广谦（2002）从宏观的角度界定了什么是金融结构以及金融结构的研究内容，他将金融结构定义为构成金融总体（或总量）的各个组成部分的规模、运作、组成与配合的状态，并指出，经济学中的结构分析就是研究总量与组成总量的各个部分之间的数量比例关系。李健（2005）比较全面地研究了各种金融资产之间的结构关系，并为此设计了一套金融资产结构的研究范式，她在分析了合理金融结构所应具备的评价标准以后，首先界定了金融资产的指标，其中包括货币结构和非货币性资产结构，而货币结构包括层次结构和存款结构，层次结构反映不同的货币层次（如 M_0、M_1、M_2 等货币层次之间的比例关系），存款结构反映不同部门的存款占存款总额的比例，非货币性资产的结构反映债券、股票、保险、信托资产占非货币性资产的比例。易纲（2008）用其划分的各种资产占总资产中的比例来描述金融资产结构，通过分析我国 1991～2007 年金融资产结构的变化，应用资金运用和来源的比例考查了各部门金融资产的变化情况。易纲的研究将金融资产结构与宏观经济相联系，用金融资产结构观察宏观经济运行情况，拓展了金融资产结构的研究空间。杜家廷（2014）则进一步将金融资产结构划分为金融资产内部结构、金融资产外部结构、金融资产市场结构和金融资产效率结构，用货币性金融资产、证券性金融资产、保险性金融资产分别与金融资产总量之间的比例来描述金融资产内部结构，用货币性金融资产、金融资产总量与 GDP 的比例来反映金融资产外部结构，用股票市值、保险资产与货币性金融资产的比例反映金融资产市场结构，用年末贷款余额与年末存款余额的比例来反映金融资产效率结构。这种划分方法也被黄燕君和李融（2014）所采用。苗文龙和周潮（2020）用保障家庭流动性交易需求的资产，包括持有的现金、银行存款等占总资产的结构反映流动性金融资产的结构，用长期投资、获取高额回报率的生产性资本，包括债券、股票、共同基金（货币市场基金除外）、人寿保险等金融资产占总资产的比例反映投资性金融资产的结构研究其对宏观经济波动的影响。

2. 金融资产结构的研究领域。国内对金融资产结构的研究，大致有三个方向。

一是将居民家庭金融资产结构作为金融资产结构研究标的物。如张学勇等（2010）基于河北省居民的调查问卷，以储蓄、股票、债券等金融资产在居民金融资产总量中的比例关系作为金融资产结构研究对象，研究了居民的性别、年龄、教育程度、职业状况和收入高低对居民风险承受能力的影响以及因此受之影响的居民持有金融资产的结构。张屹山等（2015）

则通过中国家庭居民资产结构研究了居民消费的影响要素，他指出，居民资产结构不优影响了居民的消费，提出了通过规范金融市场发展、优化居民金融资产结构来提升居民资产收益率，以此来提振居民消费的建议。魏先华等（2014）等分析了影响居民金融资产结构的影响因素，指出资产的量、居民对于社会的感知以及居民参与金融市场的程度都会影响到居民的资产配置结构。王渊等（2016）利用调查数据分析了居民风险偏好水平对家庭资产结构的影响，得出了居民风险偏好水平越高，则其越趋向于配置风险金融资产，同时持有更加分散的金融资产。吴雨等（2016）研究了金融知识的掌握情况对居民金融资产结构的影响。

二是研究金融资产结构变化的影响要素。徐梅（2016）通过研究货币政策调整对金融资产结构以及宏观经济波动的影响指出，货币政策的调整影响到个人的消费和投资行为，而个人行为的变化改变了原有的信贷和融资的原有结构，从而导致宏观经济波动的发生。

三是研究金融资产结构变化对经济金融运行的影响。如谢平（1992）通过对 1978～1991 年中国金融资产在不同部门的结构分析了中国金融深化进程以及金融改革对金融改革对中国经济所产生的深刻影响。易纲（1996）以货币化过程为主线，研究了 1978～1995 年中国金融资产结构的变化，从金融资产结构的角度分析了中国的金融发展及中国经济的改革方向。易纲（2008）从金融资产结构比较的视角出发，研究我国一段时间以内各种金融资产与金融资产总量的比例变化关系，目的是通过揭示我国金融资产的历史变化路径来反映金融的发展程度以及金融资源在各个部门的分配运用情况。他指出，金融资产结构是否恰当将直接影响到宏观经济的稳定以及金融深化进程的快慢，将金融资产结构与经济稳定相联系。杜家廷（2014）将金融资产结构的研究应用到控制污染排放上，研究了金融资产结构调整对污染排放控制的影响，期望通过金融结构的调整来化解污染物排放中遇到的难题和困境。徐梅（2012）通过研究金融资产结构与经济波动之间的关联关系指出，金融资产结构的变动会影响到宏观经济运行的稳定性，从而形成经济波动。牛卫东（2013）的研究则指出，优化金融结构有助于提高货币政策的传导机制。徐梅和李晓荣（2012）以人民银行的统计口径研究了居民持有的通货、储蓄存款、有价证券以及保险准备金四大类金融资产受宏观经济周期的影响。黄燕君和李融（2014）将金融资产结构界定为金融资产内部结构与金融资产外部结构，并基于浙江省的数据研究了金融资产结构与经济增长关系，得出了金融资产总量增加有效地促进了经济增长，同时，经济增长也有力地促进了金融资产总量提升的论断。苗文龙和周潮（2020）研究了居民金融资产结构的变动对宏观经济的影响。易刚（2020）将金融结构、金融发展与经济增长三者关联起来，通过金融资产结构变化阐释了中国宏观经济运行的内在逻辑，发现中国宏观杠杆率上升较快，同时，金融资产风险向银行部门集中。

与国内对金融资产结构热烈讨论不同的是，国外关于从金融资产结构的整体上研究其与其他经济问题相关性之类的研究非常鲜见，大多数的研究是集中在金融资产方面，如金融资产的价格决定、金融资产范畴扩展以及金融危机对金融企业的金融资产的影响等方面。如福田（Fukuda，2009）研究了日本家庭持有证券类的金融资产的影响因素。波沙夸勒和曼达尔（Poshakwale & Mandal，2016）研究了黄金相对于其他金融资产，如证券、债券、房地产以及石油的特性，发现黄金相对于房地产以及以石油为基础的资产来说，不是合适的抵御利率变动的资产，相对于债券资产而言，黄金提供的抵御通货膨胀的职能也是不确定的。卢岑贝格等（F. Lutzenberger et al.，2016）则讨论了金属资源的金融属性，从金融资源的角度分析了金属资源价格变动的原因。斯帕诺（Spanò，2014）在将金融资产按照其产生的源头归为国内金融企业和国际组织的基础上，将金融资产划分为流入国内实体与流入金融领域以及国际组织两大类，认为欧洲大陆经济发展中存在的问题主要源于流入金融领域以及国际组织的金融资产量过大，应该对这部分资产采取严厉的管制。

2.2.2 经济波动的研究现状

1. 经济波动的内涵。波动是一个物理概念，是指同一点的物理量经过一个周期以后回归原来的量的过程。经济波动是波动概念在经济学领域的应用，是经济增长过程中的一种动态过程，反映的是经济增长率或者其他能够反映宏观经济发展情况的指标，偏离最优增长状况而表现出来的或高或低、忽上忽下的状态是经济发展过程中的正常状态。经济波动的本质是经济社会中参与经济生产的某个或者某几个要素的量朝着一个特定的方向变动，而对经济发展的长期趋势造成的影响。这种经济要素的变动，有些是促进了经济增长，如技术革新、投资增加，有些则是抑制了经济增长，如消费的下降、出口的减少等。而这些参与经济生产的要素量的变化，都会使得原有的生产状态受到干扰，生产均衡被打破，这种原有生产状态的调整，都会反馈到经济发展的增长速度上，因而也都形成了经济波动，因而，经济波动与经济增长之间有时是同向的，即经济波动促进了经济增长，而有些时候，经济波动与经济增长之间是反向的，即抑制了经济增长。

正是由于经济波动的普遍性以及经济波动对经济增长或正或负的影响，经济波动与经济增长成为宏观经济研究的重要内容，并与经济增长一道成为经济学研究的永恒主题。当前，我国经济正从高速发展阶段向高质量发展阶段转化，确保经济平稳健康发展、防止不确定性事件引发经济波动成为当前全社会关注的热点话题。既然经济波动对经济的影响或正或负，就需要在开展经济波动研究过程中区分经济波动对经济增长影响的方向，对于能够促进经济增长的要素的变动要予以激励，而对抑制经济增长的要素的变动，要积极采取措施，进行有效化解，防止这种反向的经济波动对经济增长产生进一步的伤害。

2. 经济波动的度量。罗伯特·席勒（Robert Shiller，1999）认为，一个国家或者地区经济波动可以通过总产出以及其他相应时间序列的经济指标对于它们长期趋势的偏离程度来度量。经济是个综合的整体，除了 GDP 波动之外，其他可以用于度量经济波动的指标还有很多，美国国家经济研究局经济波动周期确定委员会通常使用总产出、收入、就业、贸易等指标来测度经济波动周期，但是其中最基本的指标还是 GDP，对于其他指标的研究一般都是建立在对 GDP 指标的研究分析基础之上（董进，2006）。

对经济波动的度量一般有两种方法，一种方法是采用 HP 滤波法。按照泰勒和伍德福德（Taylor & Woodford）的界定方法，经济波动部分可以表述为：

$$Y_t^{GAP} = Y_t - Y_t^* \qquad (2-1)$$

其中，Y_t 表示 t 时期实际 GDP 的量，Y_t^* 表示该时期的 GDP 长期趋势的量，也即潜在 GDP 的量，Y_t^{GAP} 表示 GDP 对于长期趋势的偏离程度，即经济波动。经典经济学中，潜在产出是指在稳定的价格水平下和给定的技术水平下，劳动力实现了充分就业时的产出量，也就是一个国家充分利用资本和劳动力所能够实现的最大产出量。由于使用这种定义方式来确定潜在产出存在统计数

据上的不可获得性，为了使得研究具有可操作性，经济合作与发展组织
（OECD）将潜在产出定义为，在稳定的通货膨胀率的条件下，一个国家的总
产出水平（董进，2006）。按照这个定义，如果将国内生产总值表述为：

$$Y_t = Y_t^{TREND} + \varepsilon_t \qquad (2-2)$$

其中，Y_t 表示 t 时期实际 GDP 的量，Y_t^{TREND} 表示实际 GDP 的长期趋势，ε_t
表示实际 GDP 对长期趋势的偏离，则经济波动可以表述为：

$$Y_t^{GAP} = Y_t - Y_t^{TREND} \qquad (2-3)$$

这种将经济发展分解为长期趋势和波动趋势的方法称为 HP（Hodrick &
Prescott）滤波。HP 滤波法的基本原理是，假设时间序列变量 $Y_t = \{Y_1, Y_2,$
$Y_3, \cdots, Y_n\}$，其趋势要素为 $G_t = \{G_1, G_2, G_3, \cdots, G_n\}$，HP 滤波可以将
时间序列变量 Y_t 分解为 $Y_t = G_t + C_t$，波动要素 $C_t = \{C_1, C_2, C_3, \cdots, C_n\}$。
其中，Y_t 是可观测变量，G_t 和 C_t 为不可观测变量。按照这种原理，经济发
展由趋势变量和波动变量组成，通过 HP 滤波器，将经济发展的长期趋势与
经济波动分离，即获得经济波动的量。

另一种度量方法是由阿吉翁等（Aghion et al.，2006）提出，将考察期
分为若干个时间跨度相同的时间段，以每个时间跨度内经济增长率的标准
差作为经济波动的度量指标。采取这种方法度量经济波动的原因是，他认
为采取 HP 滤波法滤出的波动趋势实际上并未完全将经济波动分离出来，而
只是将波动分离成为趋势波动和周期波动，趋势波动存在于趋势成分之中，
只是其波动可以预测，而周期成分的波动则不可预测。设 T 为时间跨度，g_i
为经济增长率，$\bar{g} = \sum_{i=t}^{t+T} g_i \div T$，则经济波动 $vol_{t,t+T}$ 可以表示为：

$$vol_{t,t+T} = \frac{\sqrt{\frac{1}{T-1}\sum_{i=t}^{t+T}(g_i - \bar{g})^2}}{\bar{g}} \qquad (2-4)$$

3. 经济波动的影响要素。经济波动的影响因素较多，学界对影响经济
波动的原因也展开了深入的研究，主要表现在如下几方面。

（1）产业结构冲击。所谓产业结构是指经济发展中不同产业之间的结
构关系，产业结构的变迁是理解发展中国家和发达国家经济发展差异的关
键变量（Syrquin M & Chenery H B. 1989）。干春晖等（2011）认为，产业结
构的变迁源于两个方面：一是源于产业技术进步的差异，各产业技术进步

速度不同并且在技术要求和技术吸收能力上的巨大差异导致各产业增长速度出现较大的差异，从而引起一个国家或区域产业结构发生变化。如蒸汽机的发明促进了第一次产业革命的实现，使得工业由手工作坊式进入到现代化大工业。二是源于主导产业的差异，他们认为，一个国家在不同的时期所倚重的主导产业不同，主导产业的调整影响到了一个国家生产和消费的方方面面。产业结构变迁对经济波动所形成的冲击主要通过如下两个方面的途径实现：一方面，技术进步和技术替代会打破原有经济的均衡，对特定产业部门产生较大冲击并引起生产要素供给的变动，从而造成经济波动；另一方面，主导产业的调整会对经济社会的投资结构和消费结构造成影响，对经济的稳定性造成影响。而对于产业结构，干春晖等（2011）进行了进一步的区分，将产业结构变迁分为产业结构合理化和产业结构高级化两个指标，产业结构高级化反映的是产业结构的升级，而产业结构合理化反映的是产业之间的协同程度。经过研究发现，产业结构高级化是经济波动的一个重要原因，而产业结构合理化在一定程度上平抑了经济波动。这个观点得到了解海等（2017）在区域经济发展中的实证检验，他们从东北地区的研究中发现，产业结构合理化和产业结构高级化对区域经济增长均有正向作用，但产业结构高级化则会使得区域经济波动加大。张明和任炬秀（2019）更进一步研究了产业结构合理化对经济波动的影响，其认为产业结构合理化不会引起经济波动，但在区分经济受到正向冲击和负向冲击的情况下，产业结构合理化对经济波动幅度的影响却是有差异的，即在经济受到负向冲击时，产业结构合理化能够有效抑制经济波动的幅度，而当经济受到正向冲击时，产业结构合理化则加剧了经济波动的幅度。因此，产业结构变化是引发经济波动的重要原因。

（2）政府冲击。所谓政府冲击，是指由于政府行为调整引发经济波动。根据现有的研究文献，政府冲击主要来自于两个方面：一方面是政府支出，即政府支出的调整形成的冲击所引发的经济波动；另一方面是政府官员腐败对经济稳健发展所形成的冲击。政府支出对经济波动的影响又分为两个方面：一方面是政府支出发挥了稳定器的作用，平抑了经济波动。这种观点是建立在凯恩斯经济理论之上的。根据凯恩斯经济理论，政府支出对经济波动的平抑作用来源于税收和政府转移支付，在经济发展的高涨期，税收增加（尤其是累进税制）抑制了社会需求，防止经济过热；而在经济低迷期，政府通过转移支付增加了居民收入，相对促进了社会消费，提振了经济。这种来源于政府支出总量的变动形成的冲击对经济波动的平抑作用也得到了实证检验，如莫汉蒂和赞波利（Mohanty & Zampolli，2009）对 20 个 OECD 国家 1970~2008 年的面板数据进行研究发现，政府支出能够有效平抑经济波动。李英和宋泰尹（Lee & Sung，2007）对 22 个 OECD 国家和 72 个非 OECD 国家的实证检验也证实了政府支出对经济波动的平抑作用。德布兰和卡普尔（Debrun & Kapoor，2008）通过对 49 个国家 1970~2006 年的数据分析发现，无论是 OECD 国家还是非 OECD 国家，以支付支出为测度标准的财政，其自动稳定器的作用显著，能够有效减少经济波动。政府支出对经济波动的作用的另一方面体现在政府支出变动有可能加剧经济波动。虽然政府支出的总量增加，能够抑制经济的波动，但当政府支出增大时，则会对总需求和总产出造成一定的影响，从而引发经济波动。莫汉蒂和赞波利（2009）的研究证实了政府支出变动对经济波动的促进作用，费尔南德斯－维拉韦德等（Femandez-Villaverde et al.，2011）通过对美国财政政策的时间序列数据变动对经济波动的影响风险研究发现，财政支出变动冲击确实对经济活动具有较大的破坏作用。政府支出对经济波动的这两个方面的影响也得到了国内数据的支持，桑百川和黄漓江（2016）通过对我国 1987~2013 年 30 个省份的面板数据的研究发现，财政支出规模确实是经济波动的稳定器，能够有效抑制经济波动，而财政支出的变化则显著促进了经济波动，是引发经济波动的原因所在。晁江锋（2016）以罕见灾难为分析场景分析了投资性支出、服务性支出以及其他支出对经济波动的影响，提出政府投资性支出过度无论在单一财政支出形式还是复合型财政支出形式下，对私人投资均产生显著的挤出效应，加剧了经济波动，而服务性支出以及其他支出对灾难经济体中的影响相对较小。

对于政府官员腐败对经济波动的影响，李猛和沈坤荣（2010）进行了系统研究，经过对 1995~2006 年 29 个省份的面板数据的分析认为，官员腐败是地方政府行为短期化的重要原因，而地方政府短期化行为能够解释我国 30% 的经济波动。他们解释这种情况发生的原因是，官员因为腐败而获取直接经济利益而对经济活动产生短期化行为，比如，他们认为，一些官员支持地方开发一些项目、建设一些工程，并不是以造福一方百姓、提高财政收入为目的，而是通过"权钱交易"或者"权力资本化"开发了一些不应该开发的项目、建设了一些不需要的或者不是迫切需要的工程而从中渔利，这些官员在运用权力进行所谓的经济建设的同时，这一行为也影响到了本地的经济建设，造成了经济波动。因此，政府官员的腐败成为解释经济波动的一个原因。

（3）投资专有技术冲击。技术冲击对经济波动的影响包括两个方面的研究内容：一方面是中性技术冲击；即全要素生产率的冲击；另一方面是投资专有技术的冲击。目前，对技术冲击对经济波动的影响得到了学界的肯定。格林伍德等（Greenwood et al.，2001）的研究认为，投资专有技术冲击能够解释将近 30% 的国民生产总值的波动。弗拉内托和塞内加（Furlanetto & Seneca，2011）、费希尔（Fisher，2006）、贾斯蒂亚诺和普里米切里（Justiano & Primiceri，2008）、贾斯蒂亚诺等（Justiano et al.，2009）分别采用 VAR 模型、RBC 和 DSGE 模型研究了投资专有技术冲击与中性技术冲击对经济波动的影响，发现投资专有技术冲击能够解释 40% ~ 78% 的宏观经济波动。华昱（2016）通过对我国 2004 ~ 2014 年宏观经济波动的研究发现，投资专有技术冲击能够解释我国产出和投资在短期和长期的 40% ~ 80% 的波动。技术对经济波动影响的理论基础可以追溯到索罗的经济增长模型，在索罗经济增长模型中，资本与技术彼此相互独立，经济增长的差异主要源于全要素生产率水平，即中性技术冲击。随后的内生增长理论则认为，投资，尤其是设备投资，是长期增长的最主要原因之一，实现了理论上的技术进步与资本投资的相分离。投资专有技术冲击对经济波动的影响的机制在于，投资专有技术改变了资本的边际成本，并以此来影响最终的产出。一项正的投资专有技术的冲击提高了本期的资本收益率，使得投资的收益增加，进而激励进一步的投资，从而使得后来一期资本存量的增加，降低未来的资本相对价格，使得资本重置成本降低。资本重置成本的降低又反过来促使企业更多地使用现存设备，增加社会就业，并最终扩大了产出量。此外，机器设备的投入使劳动者与企业都必须不断地学习如何使用现代技术，引发了"干中学"和"学中干"，这个过程这不仅提升了人力资本的素质，进而引起整体生产产量的上升，而且随着社会资源的流动，尤其是人力资本的流动，在行业内形成了技术溢出，企业间通过相互学习与竞争带动了整个行业生产率水平的提高和技术升级，最终实现全要素生产率的提高。

（4）预期冲击。对于预期影响经济波动的观点可以追溯到经济学家阿瑟·庇古（Arthur Pigou）。早在1927年，经济学家阿瑟·庇古就指出："商人们的预期变化——此外再没有别的东西，构成了产业波动的直接原因或者前导"。进入21世纪以来，以Beaudry和Portier为代表的经济学家通过两个途径开展预期与经济波动的关系研究，一是以博德利和波蒂尔（Beaudry & Portier，2004）、杰莫维奇和雷贝洛（Jaimovich & Rebelo，2009）等为代表的经济学家通过将预期纳入动态宏观模型，研究预期是否影响经济波动以及在什么条件下对经济波动产生影响。二是以博德利和波蒂尔（Beaudry & Portier，2005）、波蒂尔和勒克（Beaudry & Lucke，2009）等为代表的经济学家从实证的角度研究预期与经济波动的关系，并确认预期确实是驱动经济波动的原因。国内对预期导致经济波动的研究中均得出了预期能够有效解释经济波动的观点，或者说预期是经济波动的重要影响要素。如庄子罐等（2012，2014，2023）的研究认为，预期可以解释我国2/3的经济波动，在将技术冲击纳入研究框架的情况下，检验得出技术冲击对经济波动的解释大概为45%，而预期冲击对经济波动的解释超过了50%。赵根宏和林木西（2016）的研究也得到了预期冲击可以解释50%以上经济波动的结论。郑挺国等（2023）从预期产生的源头—新闻媒体—出发，研究了新闻指数对消费、产出等关键宏观经济变量的影响，实证了从新闻指数中识别的预期冲击会对实际经济变量产生永久性的影响，进一步检验了预期冲击对经济波动的影响。对于预期冲击通过什么样的途径影响到了经济波动，庄子罐（2012，2014），赵根宏和林木西（2016）的研究都借用了国际研究的惯例，即通过生产率预期冲击影响消费习惯和投资调整成本来解释经济波动。

（5）金融冲击。金融是现代经济的核心，发挥着融通资金、配置资源、分散风险等作用。金融政策的调整、金融要素之间结构的变化以及金融的创新都是金融冲击的来源，都会影响到经济的平稳发展，从而引发经济波动。现有文献中，对金融冲击引发经济波动的研究主要集中于如下几个方面。

第一，金融加速器模型。在宏观经济研究之初有这样一种普遍存在的迷惑，即某些微量的经济变量的调整变化最终导致了经济产出的巨大波动。比如利率的小幅变动可能引发投入产出的大幅调整。伯南克等（Bernanke et al.，1994）将该问题称为"小冲击、大波动"之谜。他们认为，该谜的起因是信贷市场的摩擦所致。所谓信贷市场摩擦是指信贷市场实现资金由富裕者手中转移到资金短缺者手中的难度，这种难度是基于信贷市场的不完美所致。伯南克等（Bernanke et al.，1999）指出信贷市场不完美会引起借贷双方代理成本、企业资产负债、企业投资和产量变化，最终使得经济出现更大的波动，他们将这种效应称为"金融加速器"效应或者"信贷乘数"效应。金融加速器主要通过如下两个渠道传导到实体经济，一是伯南克等（Bernanke et al.，1999）提出的外部融资升水渠道，所谓外部融资升水是指在信贷市场不完美的情况下，企业外部融资的成本高于内部融资成本的部分。由于外部融资升水与企业资产净值呈负相关关系，当经济受到负向的冲击时，如利率的上升导致企业负债成本上升，资产负债表中净资产量下降，企业从外部获取融资的能力下降，进而影响到下一期投入到经济中的信贷资金的量，进一步导致产量下降。二是清泷和摩尔（Kiyotaki & Moore，1997）提出的企业资产价格和抵押资产价值渠道。假如土地资产是银行唯一认同的有效抵押资产，企业为了满足生产的需要，就不得不在市场上一方面使用土地资产抵押以获取贷款，另一方面则不得不随着生产的扩张，储备土地资产以备未来抵押获取银行贷款之用。假如当期土地资产贬值，企业利用土地资产进行抵押融资的量受到了约束，则影响到下一期企业可获取的贷款量，企业利用缩量的信贷资产进行生产，导致产量下降，在企业运行成本既定的情况下，企业利润缩水，在企业利润有限的情况下，企业花费资金购置土地的积极性下降，限制了企业对土地继续投资的投资量，进而限制了后期获取银行贷款的能力。同时，假设预期未来土地的使用成本下降，将影响到土地的价格，土地的价格下降，土地资产的价值下降，企业利用土地资产获取银行贷款的约束加强，进而也影响到企业对土地资产的购置。

金融加速器对经济波动的影响得到了学界规范的实证研究。赵振全等（2007）利用1990年1月~2006年5月的数据验证了金融加速器在我国的存在性，发现信贷政策紧缩比货币政策宽松引发的经济波动更剧烈。而且经检验发现，货币政策既是经济波动的波动源，也是经济波动的传导源。袁申国等（2011）利用金融加速器模型检验了汇率政策的调整对经济波动的影响，证明了金融加速器的存在性，并得出了相对于浮动汇率来说，固定汇率制度加大了经济波动的观点。王国静和田国强（2014）通过对我国固定资产投资资金来源数据的分析发现，其占比呈现逐渐下降的趋势说明了我国企业面临的融资约束压力越来越大，而这个较大的融资约束的压力来源于金融部门内部的随机扰动，而进一步的研究发现，我国的实际贷款余额的波动与经济波动密切相关，验证了金融冲击对经济波动的影响。刘一楠和王亮（2018）通过建立一个内嵌金融加速器和名义"债务—通缩"机制的 DSGE 分析框架证明高杠杆通过金融加速器与名义"债务—通缩"能够加剧宏观经济波动。在作用机制上，金祥义（2022）认为金融加速器机制能够放大货币政策和财政政策对宏观经济的调控作用，且这一调控随着金融加速器强度的上升而不断增强。

第二，银行垄断模型。银行垄断与经济波动的关系向来是学界研究的焦点。对于银行垄断是否引起了经济波动，阿利亚加·迪亚兹和奥利韦罗（Aliaga-Diaz & Olivero，2008）、曼德尔曼（Mandelman，2011）分别研究了银行的不完全竞争对经济波动的影响后认为，银行的垄断加剧了经济波动。

第三，信贷配给模型。由于市场不完全、信息不对称问题的存在，在市场中交易的各个主体之间，"逆向选择"问题和"道德风险"问题普遍存在，银行与融资企业之间也不例外。商业银行在向融资企业发放贷款时，由于担心信息不对称而造成商业银行自身的贷款损失，则在对融资企业的选择上不仅仅依靠贷款利率对企业进行筛选，而要考虑企业"逆向选择"和"道德风险"的可能性，也即贷款风险。这种不仅仅依靠贷款利率对企业的筛选，而是同时基于贷款利率与贷款风险的综合权衡来实现资金供求的均衡，或者按照融资企业愿意给出的利率而发放给企业少于其需求的贷款量的现象即为信贷配给。信贷配给对宏观经济波动的传导机制表现在，当宏观经济进入衰退期时，商业银行的资产质量下降，面临较高的违约风险，商业银行根据市场风险状况所计算的经济资本下滑，资本充足率下降。在这种情况下，商业银行发放贷款的行为越发审慎，在选择贷款企业时，不仅仅受到市场贷款利率的影响，还会特别注重融资企业的发展趋势以及潜在的风险，趋向于少发放贷款或者发放银行方面认为更为安全的贷款。这样，商业银行一方面由于对未来风险的规避而选择了较少企业发放贷款，另一方面，商业银行资本充足率下降也限制了银行贷款的发放，使得商业银行的贷款发放率明显下降，通过乘数效应和加速原理进一步加大了宏观经济的衰退或者限制了宏观经济的复苏。而在经济繁荣的情况下，商业银行贷款不良率下降，资产质量上升，根据市场风险计量的经济资本上升，贷款充足率提高，商业银行在选择贷款企业时风险考量的权重下降更多的是依据贷款利率来选择企业，致使发放的贷款量增加，从而进一步促进了经济繁荣。

穆争社（2005）在研究我国的信贷配给时发现，我国的信贷配给与传统意义上的信贷配给存在一定的差异主要体现在我国商业银行贷款利率受国家管制，贷款利率的形成非市场参与者共同议价的结果，致使贷款利率低于贷款供需均衡的贷款利率，贷款利率丧失了过滤融资企业的功能，市场对资金的需求高于商业银行实际发放的贷款量。在贷款需求超过贷款供给的情况下，商业银行的经营者存在通过发放贷款而寻租，贷款的发放并不一定是按照风险低、效益高的原则执行，而是关系型信贷配给。关系型信贷配给现象的存在既自发地抑制了经济繁荣和经济衰退，同时也拉长了信贷政策发挥作用的时滞。陈乐一等（2018）进一步运用全球 102 个国家和地区 1970~2016 年的数据考察了信贷配给的源头，即信贷摩擦对经济波动的影响，研究认为，信贷摩擦能够通过银行的信贷配给渠道、企业的外源性融资溢价渠道和市场流动性渠道影响企业的融资成本和可贷资金限额，进而影响借款企业的投资规模，最终影响经济波动。也有学者从信贷政策的调整角度研究其对企业的影响，如张梦云等（2016）通过对上市公司的研究发现，在我国，信贷政策趋紧后上市公司的融资方式明显会从银行融资转向债券融资，而且企业的投资明显下降。

4. 对金融冲击引发经济波动相关研究的评述。根据上述对金融冲击引发经济波动的综述发现，无论是金融发挥加速器的模式还是信贷配给模式，反映的都是流入实体经济的资金量的大小对宏观经济造成的影响。资金量的流入变化对经济增长的长期形态具有不同的效果，经济偏离原有轨道而引起经济波动。这些分析都是从企业获取信贷资金的视角来反映金融对经济的具体作用，在经济景气时，银行增加了企业的资金供给量，使得原本高涨的经济更加高涨；在经济萧条时，银行减少了企业的资金供给量，使得急需资金的企业无法获取资金以满足生产所需。这种分析方法虽然反映了金融与经济的关系，也体现了银行的有效作用，但是无形中回避了两个问题：一是在讨论金融的加速器作用乃至银行垄断和信贷资金配给时，考虑的都是银行作为资金供给者的角色，即资金都是通过银行来获取的，而忽略了其他可以提供资金的渠道，如直接融资渠道，即如果加入了直接融资，信贷资金依然对经济波动具有如此良好的解释力吗？二是资金是流动的、趋利的，社会中的闲余资金除了购买银行的存款资产并通过贷款的形式发放给企业之外，从资金的角度来看，还可以购买其他不一定进入企业生产环节的金融资产，如金融衍生品等金融资产，如果将资金作为一个整体来看待，资金最终的流向无非两个方向：一个方向是最终流入了企业，参与了企业的生产和销售过程，形成了社会财富，创造了新的使用价值；另一个方向是流入市场流通环节并通过资产流转而获取收益。上述关于信贷资金促进了经济波动的论述仅仅描述了资金流入企业对经济波动的影响，在经济繁荣或萧条时，流入企业的资金都加剧了经济波动现象。那么，如果加上流入到流通环节的资金，随着经济的繁荣与经济的萧条，资金的流动对经济的作用又是怎样的呢？在经济繁荣时或经济萧条时，流入到流通环节的资金是增加了还是减少了呢？其作用是加剧了经济波动还是抑制了经济波动呢？与流入到企业中的资金是同向的还是反向的呢？这些问题都没有得到充分的讨论和研究。虽然程立超（2010）、马昕田（2012）、张培源（2013）等讨论了股票市场与经济波动的关系，王雄元等（2015）、鄢莉莉等（2014）讨论了债券与经济波动关系，刘宇等（2016）研究了金融衍生品与经济波动之间的关系。但这些研究都是从金融资产的一种类型出发所做的研究。而金融要素具有强的流动性，购买了权证的资金在从权证产品中脱手以后，并不是就此罢手，或者继续投资权证，而是根据市场对资金的需求，按照收益最大化的原则，继续流入到其他领域以谋取利润。所以，金融对经济波动的影响需要综合金融的各个要素来统筹验证，而不能就信贷资产或者股票、债券等部分金融资产来判定金融对经济波动的影响。

本书的后续部分就是基于这样的思路，试图从与资金产生了交易所形成的全部金融资产的角度去分析金融冲击对经济波动的作用机理。

2.2.3 金融资产结构与经济波动关系的研究现状

对于金融与经济波动关系的研究主要集中在金融发展与经济波动的研究上，从金融结构角度研究经济波动的文献尚不多（陈乐一等，2016）。从掌握的文献来看，徐梅（2012）首次将金融资产结构与经济波动关联起来进行研究，其基于 VAR 模型研究了金融资产与经济波动的关系，认为金融资产结构的变动不仅会冲击宏观经济，而且这种影响比较持久，影响的时间跨度达到 7~10 年。她所研究的金融资产结构指标是依据货币金融化程度 [（$M_2 - M_1$）/M_2]、马歇尔 K 值系数（M_2/GDP）、银行深度 [（存款 + 贷款）/GDP]、保险深度（保费收入/GDP）以及证券深化程度（股票总市值/GDP）来反映的。吴超（2012）对我国的金融结构与经济增长稳定性的关系进行了研究后认为，金融结构的调整会影响到经济增长的稳定，而这种稳定性的调整本身就是经济波动的变现，由此提出了通过对金融结构进行调整以顺应经济社会发展的需求，进而发挥稳定经济增长的目的。陈乐一等（2016）的研究认为，金融结构的变动抑制了经济波动，起到了平滑经济波动的作用，他们用直接融资占总融资的比重来反映金融结构。李永刚（2014）通过对 33 个经济发达国家和 25 个新兴经济体国家的研究发现，金融结构并不是一贯地平抑了经济波动，有些情况下，金融结构的调整会促进经济增长、抑制经济波动，而有些情况下，金融结构的调整却起着相反的作用，其在抑制经济增长的同时还强化了经济波动。其刻画金融结构的指标共有 8 项，包括外资银行占银行总数比重、银行外汇资产占 GDP 比重、存贷款利差、前三大银行资产集中度、流动资产占存款和短期资金比重、公司普通股占总资产比重、其他盈利资产占总资产比重、其他计息负债占总负债比重。李之民（2015）的研究认为，直接融资比例的上升能够提升经济增长的质量水平，但却加剧了经济波动，他所依据的度量金融结构的指标是直接融资占总融资的比重。刘晓光等（2019）在最优产业配置框架下利用 OECD 国家 1970~2010 年面板数据实证发现，与银行主导型金融结构相比，市场主导型金融结构能够更加有效地促进资源向最优配置状态收敛，进而降低经济波动。

这些对金融资产结构与经济波动的研究中对金融资产结构的划分，要么沿着直接融资与间接融资的比例关系来开展，要么是将现有的金融资产进行组合，构建不同的金融资产之间的结构关系。这种对金融资产的研究，一是没有考察到流入非生产销售领域的资金对经济波动的影响，如以直接融资和间接融资为要素构建金融资产结构研究金融与经济波动的关系；二是依赖现有的对金融资产的划分方法构建的金融资产结构并没有涵盖全部金融资产，金融对经济波动影响的研究中存在漏项，所得到的结论是否精准尚待证明。本书后续的研究则从金融与经济的内在关系入手，将经济体系划分为实体经济与虚拟经济以及将金融资产分割为与实体经济和虚拟经济有关的两部分，以实现金融资产与实体经济和虚拟经济的无缝结合来研究各类金融资产的变动对实体经济与虚拟经济的影响及其对经济波动的影响。

2.3 本章小结

本章综述了本书研究的理论基础以及现有文献对金融资产、金融资产结构、经济波动以及金融资产结构与经济波动关系的研究现状，为后续研究奠定基础。本书研究的理论基础来源于四个方面：一是马克思价值理论及财富论。马克思价值论与财富论奠定了本书后续对实体经济与虚拟经济划分的基础，阐明了商品的使用价值构成社会财富，而社会财富是劳动与劳动资料、劳动对象相互作用、共同参与的结果，奠定了利用资本循环公式分析实体经济流转的基础。二是马克思虚拟资本理论。马克思虚拟资本理论全面揭示了虚拟资本的流转过程、基本特点，为本书进一步研究虚拟经济以及与虚拟经济对应的虚拟经济金融资产提供了理论支撑，是讨论虚拟经济金融资产流转及价值增殖的基础。三是金融结构理论。通过推演金融与经济的关系建立了金融结构供给论、金融结构需求论与金融结构功能论三者为一体的金融结构理论，阐明了金融结构与经济的关系。金融结构理论是本书研究金融资产结构的理论基础，也是考察金融资产结构与经济关系的基础。四是结构功能统一律。结构功能统一律与金融结构理论共同支撑了金融资产结构不同则金融功能不同，经济增长也就不同，从而形成经济波动的观点，从哲学的角度阐明金融资产结构与经济波动的关系。因为从结构功能统一律来看，不同的结构具有不同的功能，而金融资产结构是金融作用于经济的外在表现，不同的金融资产结构反映了市场对不同经济主体的预期，而不同的金融资产结构则反过来影响了整个经济体系不同主体之间的发展状况，成为解释金融资产结构影响经济波动的重要理论基础。

在研究金融资产及金融资产结构相关文献的基础上讨论了现有研究存在的不足或有待推进的地方，并提出经济波动是经济体中不同经济体的共同外部反应，需要将不同经济体纳入同一个研究框架来进行研究。同时，仅用部分金融资产来解释经济波动，其精准性也受到限制。提出将金融资产按照实体经济与虚拟经济的不同进行划分，实现全部金融资产与经济整体的有机衔接，以提高研究的精准度。

第3章

实体经济金融资产与虚拟经济
金融资产的本质内涵

　　金融资产是金融体系的基本构成要素，是资金出让方根据供求双方协定，通过出让资金所获得的具有未来收益请求权的权证，也是资金流入方获取社会闲余资金的途径，其联系着金融市场的众多参与者，满足双方投融资需求。例如，通过对股票这种金融工具在一级市场的交易，企业获得了资金，满足了弥补生产扩张或者技术革新过程中的资金短缺，而作为投资者则获取了权益要求权，即对未来企业现金流的索取权。同时，金融资产又是金融财富的载体，承载着与金融资产量及其预期收益相匹配的财富值。对金融资产的研究不仅是要反映这种财富的流动过程、实现机理，更重要的是要从这些资产之间的相互衔接和变化过程中洞察经济金融发展态势和以及经济金融的稳健性、安全性，并以此作为开展经济管理、实施宏观调控的重要依据。本部分将在第2章对金融资产分类以及金融资产结构研究现状综述的基础上分析当前金融资产研究中存在的不足，并以此为基础，对金融资产进行重新划分，形成有别于现有研究框架的新的金融资产结构，并以此作为研究对象，研究其对分析我国宏观经济金融市场、观察经济金融动向，乃至开展金融风险防控所具有的积极作用。

　　金融资产是资产的一种特殊类别，研究金融资产首先从资产这个概念入手。本章余下的部分主要包括如下内容：一是廓清金融资产的概念。通过对资产及金融资产概念的追根溯源，进一步界定金融资产的研究范畴，为下一步的研究奠定基础；二是在廓清金融资产概念的基础上分析现有金融资产结构划分中存在的不足；三是对金融资产进行重新界定，提出实体经济金融资产与虚拟经济金融资产概念，分析两者的涵盖内容；四是阐述按发行方的不同划分金融资产的理论和实践意义。

3.1 资产及金融资产的概念廓清

3.1.1 资产的内涵

"资产"一词在汉语中是"资"与"产"的复合词，其中，"资"是指财物、钱财或者是经营工商业的本钱和财产，"产"是指制造、养、种植或自然生长的东西，也指财物。"资产"一词合用始于《后汉书》第五十七卷《张让传》，其中记载"扶风人孟佗，资产饶赡，与奴朋结，倾竭馈问，无所遗爱"。① 这里的"资产"是财务、土地、房屋的总称。由于资产与财产在意境上的接近，在英语中，资产也有多个对应的词汇，如 asset、property 等，而经常使用的是 asset。asset 是指一种有价值的、由个人或企业所拥有、能够被使用或者变卖以支付账务的物资，尤其是指财产（property）。从这个定义可以看出，在西方，asset 和 property 在作为资产讲时意思基本一致，可以相互用于解释。

经济社会的发展进步，尤其是股份公司的兴起，推动会计从记账、算账的簿记向资产、负债和资本的计量、收益的确定等方向转变，资产由此成为会计核算中的基本元素，与负债和所有者权益一起构成财务会计核算的基础。为精准计量的需要，会计学将资产定义为"企业过去的交易或者事项形成的、由企业拥有或者控制的、预期会给企业带来经济利益的资源"。② 根据这个定义，一种资源能够被称为资产需要有如下三方面的约束条件：一是预期可以给企业带来经济效益，这是一种资源能够作为资产来看待的基础，如果资源无法给企业带来经济效益，则不能列入资产范畴进行核算；二是这种资产是由企业所拥有和控制的，所谓由企业拥有就是指企业拥有该项资产的所有权，于是就自然而然地具有了收益上的排他性，如果企业不拥有资源的所有权但拥有资源的控制权，即控制了资源的使用和收益，那么这项资源也被列为资产；三是资产是由企业过去的交易或者事项所形成的，如果一项交易或者事项要在未来才能实现，则这种交易或者事项不能列入资产范畴。而能够作为资产的资源同时需要具备两方面的

① 范晔. 后汉书 [M]. 北京：中华书局，2007：744.
② 《企业会计准则——基本准则》。

条件，一是与该资源有关的经济利益很可能流入企业；二是该资源的成本或者价值能够可靠地计量。由此可以发现，一种资源只要具备了成为资产的三个基本条件，就可以以资产的形态纳入资产负债表进行核算，所以相对比较广泛。

也正是由于资产范畴的这种广泛性，为了比较和研究的方便，学术界根据资产特性的不同方面将资产进行了划分，如按照资产的变现时间长短将资产分为流动资产、非流动资产；按照周转特性的不同将资产分为流动资产、固定资产、递延资产等；也有按照资产存在的形态不同可以将资产划分为金融资产和非金融资产、有形资产和无形资产。这些不同的资产类别之间所形成的结构关系被称为资产结构。资产结构从点上来看，反映的是不同的资产之间的比例关系，而如果将资产放在一个时间序列中来看，则反映的是不同资产之间随着时间递进的变化过程，这一过程既反映资产自身的成长经历，也反映与资产有关的经济活动的变化过程。

3.1.2　金融资产的范畴

金融资产是相对于非金融资产而言的。学术界对金融资产的概念界定基本一致，没有如同金融资产划分那样存在很大的差异。无论是会计学中的核算方法或者是国民经济核算体系中的核算方法，金融资产均被定义为可以在有组织的金融市场上进行交易、具有现实价格和未来估价的一切金融工具的总称。而对金融工具，国际会计准则第 32 号准则进行了明确的界定，即"金融工具是使一个企业形成金融资产，同时了使另一个企业形成金融负债或权益工具（equity instrument）的任何合约"。所以，一项资源能够被称为金融资产，首先满足资产的定义范畴，具有资产的属性，满足资产的三个约束条件。首先，如果一项资源虽然是金融合约，但不符合资产的基本界定，那么这项资源也不应该纳入金融资产的研究范畴。比如预付账款或预付费用是在未来获取商品或者劳务，而不是以货币计价的现金或者权益，因此不能称为金融工具，也不能称为金融资产。同理，一项负债在未来需要以转移商品或者劳务来进行偿付，而不是以现金或者权益的方式进行偿付，则形成这种债务的"工具"也不能称为金融工具。其次，金融资产是一种金融工具，也可以称为金融合约。因为一种金融工具在资金流入方设计出台而未被交易时，不具有价值追索权，当在金融市场完成交易后，即成为资金出让方所有、具有价值追索权、能够为其所有者带来收益的资产。这种金融工具或者说金融资产，一头落在资产项下，一头落在了负债或者所有者权益项下，成为金融与经济联系交融的两极。所以，一项金融资产必然对应一个金融工具，而一个被市场交易的金融工具必然是金融资产，虽然两者之间的主体不同，如金融工具是由资金流入方发行，而金融资产为资金出让方所拥有，但通过资金这个渠道，两者被紧密地联系在一起。这是金融资产所具有的特殊性，也是后续研究金融资产划分的重要基础。

3.2　现有金融资产分类的不足

3.2.1　现有的金融资产分类弱化了金融与经济的协同关系

从第 2 章的分析可以看出，传统的对金融资产的划分主要是沿着三个方向展开：一是为满足企业经济核算的需要，从企业能够掌握、便于核算的角度去界定金融资产，这种划分方法由于对公允价值计量存在着不同的理解和操作方法，在 FASB 和 IASB 之间存在着分歧。二是从国民经济核算的角度对一国之内所有的金融资产进行核算，确定不同种类金融资产的规模：一方面将金融资产进一步区分为国内金融资产、国际金融资产以及储备金融资产三个部分，这种划分方法有利于对这三部分之间进行比较分析，也有利于在各自范围之内进行比较分析；另一方面这种划分方法在国际范围内形成了统一的分类方法，便于研究比较不同国家、不同地区的金融发展情况。三是以金融资产的职能划分金融资产的类别，实现了金融资产与金融职能的统一。

但是，这些对金融资产的划分，都是仅将金融资产本身作为研究的对象，通过对金融资产的研究来分析金融发展状况。但是金融资产不仅仅是金融的要素，更是金融作用于经济的结果，也是经济反作用于金融的具体表现，反映了金融与经济相互博弈的结果，是经济与金融相互作用的均衡状态。但是，以现有的对金融资产的划分方式，尚不能判断这种交易所形成的均衡状态是不是最优的以及是否实现了金融的基本目标。因为从金融资产量的角度仅能看到有多少金融工具在市场中实现了交易而已。但这些交易是否满足了经济发展需要、是否促进了经济稳健运行则不得而知。但如前所述，金融资产量不仅仅反映金融的供给，也反映了经济的需求，是金融与经济紧密联系的指标，应该从金融资产量以及相互之间的结构关系中考察金融的本质。所以，金融资产研究应该放在一个更加宽泛的视野中展开，着眼于从分析金融与经济的关系刻画金融的本质属性来展开。

而金融的本质是什么？这是个看似简单的问题，但至今国内外理论界众说纷纭、莫衷一是（刘刚，2007）。孙立坚（2013）认为，金融的本质是服务实体经济。吕丹（2015）认为，金融的本质是经营风险。黄达（2008）则从金融涵盖的内容出发，将金融界定为由货币制度所规范的货币流通、金融机构、金融市场、金融工具、制度和调控机制等方面所构成的一个极其庞大的复杂系统。陈志武（2009）从金融实现的功能入手认为，金融的核心是跨时间、跨空间的价值交换。黄华一（2012）以马克思主义劳动价值理论为基础，从金融部门与实体经济部门收益来源划分的视角提出，金融如同有形的生产资料一样，是经济社会发展不可或缺的要素。熊彼特（1991）在论证创新促进经济发展时指出，在创新过程中，金融的作用就是为企业家提供必要的资金，使其能够购买创新生产所需要的生产要素而实现创新。从金融产生发展的历史视角来看，自货币的诞生到信用的产生，乃至现代银行的建立以及投资、保险、信托、租赁等金融业态的出现，金融从被动满足便利交易需求到主动开展资产债务管理、风险管理、财富管理，始终根植于经济发展之中，伴随着经济的发展而发展，而且经济发展的不断推进对金融也提出了新的需求，引致金融不断地发展壮大。所以，经济发展为金融发展提供了本源需求，金融发展为经济发展提供强有力的支持。从这个意义上来说，金融的本质是服务实体经济以及解决经济交易中信息不对称的工具（黄华一，2023）。而金融资产是人们接触金融活动、展示金融事务、反映金融过程、把握金融本质的几个有限渠道之一，但因为其所具有的财富性和流动性使得金融资产在金融研究中存在重形式而轻本质的现象，即仅关注了金融资产量的变化，以金融资产的量变反映金融的质变，而没有将金融资产从金融对经济的服从与服务关系的角度去审视和研究，没有充分挖掘金融资产与经济的契合关系，或者说没有从经济需求的角度审视金融资产供给方面研究的不足，忽略了对隐藏在金融资产背后的金融的本质的追溯和坚守。

纵然随着科学技术的发展，金融越来越具有了独自循环的能力，金融的独立性不断扩张，但无论其如何独立，不容置疑的是，金融是在服务经济的过程中发展和壮大起来的，金融的本源在经济。金融参与经济的过程，既是金融服务经济社会发展的过程，也是金融展示自身功能的过程。而金融资产本质上是金融工具，所谓工具，就是工作时需要的器具，也是达到、完成或促进某一结果的手段。所以，研究金融资产、划分金融资产都要将金融作为一种资源，以金融资产这种工具作用于经济社会发挥作用而展开的。第 2 章中阐述的这些划分方法，虽然能够很好地反映金融发展的现状及方向，是评价金融发展、金融进步的很好的指标体系，但是，它在一定程度上割裂了金融与经济的关系。不妨这么设想，在一定的范畴之内，金融可以通过这些资产指标的变化反映其进步，如通过信贷与股票的量来反映融资结构的不同，进而来评判金融进步与否。众多的学者也按照这个思维逻辑提出这样一个观点，即经济要发展，要通过外部力量来推动股票这种直接融资方式的发展，以此来实现经济进步，而且通过本书第 5 章开展的研究也确实发现了我国股票融资额长期处于低位的事实。但通过人为外力推动直接融资的发展确实能够实现经济健康稳定较快的发展吗？于成永（2016）的研究也认为，金融发展确实能够促进经济的发展，但是如果将银行发展与股票市场发展相分离，则统计显示，股票市场的规模对经济增长的促进作用并不具有统计上的显著性，因此并不能从理论上支撑通过发展或者壮大股票市场就能够实现实体经济发展，进而推动经济发展水平上台阶的预判。更何况，股票仅仅是直接融资的渠道之一，而不是全部，即使研究直接融资与间接融资，也不能单独地将股票作为直接融资的代名词，而应同时考察债券融资情况。所以，经济是一个结构严谨而又充满活力的系统，维系经济稳健运行的是经济体中各种要素之间具有相对最优的结构关系，突破这种结构的约束必然会导致经济动荡，而经济动荡也不可避免地殃及金融市场，对金融发展造成影响。

所以，金融发展必须与经济发展相协调，单纯鼓励某一方面的发展或者说单纯分析不同部分各自的发展不能很好地反映经济作为金融发展的基础性作用，也因此阻碍了对金融与经济发展契合度的观察和研究。

3.2.2　从所有者角度划分金融资产限制了对金融资产的全面认识

现有统计中，金融资产量是经济社会中不同个体通过资金置换的金融工具转变而成的金融资产，是从金融资产所有者的角度来观察或者统计金融资产的，这种统计方法虽然详细反映了不同的经济主体对同类金融资产的集合占有量，如全社会股票资产量的大小、债券资产量的大小以及不同的金融资产交易量的结果，但放弃了对金融资产发行方的关注。因此，现有的统计是全社会金融资源的一个总的概览以及金融资源中各项资产布局的概览。对企业而言，统计的目的是实现对收益的核算，而从国家的层面，则是对全社会金融资源的分布有个总体的把握，为经济政策的制定发挥指向作用。但是从观察经济与金融的契合度出发分析经济金融的稳定性发现，现有金融资产分类虽然为继续深入研究积累了原始数据，却无法利用这种划分方法实现预期目标，所以需要进行调整和进一步的甄别。

3.3 实体经济金融资产与虚拟经济金融资产的概念及划分依据

3.3.1 实体经济金融资产与虚拟经济金融资产的概念

从上面的分析得知，现有对金融资产的分类是从金融资产的所有者的角度着眼的，即从金融资产所有者的角度观察资金出让方从市场交易中总共获得了多少具有未来收益追索权的金融资产。但事物具有两面性，当人们从一个方面去观察事物时，得到的信息永远无法精准预言其另一方面的情况。金融资产是金融交易的结果，是企业从社会中获取资金的媒介，金融资产对付出了资金的资金富裕者而言，是通过给付资金而换取向企业进行剩余索取的金融工具；而对企业而言，则是通过发行金融工具实现资金归集的过程。所以，金融资产是一个事物，却同时反映着资金供需双方的信息，供需双方相互之间以等价交换为基本原则，实现了资金与金融合约的交换。那么，从资金供给方的角度计量金融资产的同时，金融资产也天然地具有从其发行方或者说源于母体进行观察和研究的条件，因为发行金融工具的发行方是资金的具体使用者或者说是资金在其中流转升值，作为以获利为目的、具有较强流动性的资产而言，不同发行方发行的金融工具转化为金融资产的量有效地反映了资金的供需情况，从时间序列来看，则能够有效地反映资金供求的变化。在资金为王的时代，谁获取的资金多，谁就具有了撬动更多优质资源满足自身发展的可能，因此也具有了别人所不具有的发展良机，即这一发展不是等量资金应该实现的最优发展[①]。而发行金融工具的发行方对资金吸引的程度反映了其未来的发展前景，市场完全可以通过发行方发行的金融工具转换为金融资产的量来判断发行方吸引社会资金的能力，进而判断不同的经济主体在经济社会中的发展前景和空间，同时，也从第三方的角度观察这些主体的这种行为是不是符合经济发展的基本取向，是否存在违背经济发展规律的现象。如果发行的金融工具吸纳的资金流向对经济社会的发展不利，或者说流向了产生负向效应的产业或者领域，则国家经济管理部门完全可以就此采取措施，进行有效的引导或疏导。所以，从金融资产的发行方来计量和研究金融资产，并在一个较长的时间范围内展示，能够有效反映金融供给与经济发展之间的变化情况，经济与金融的契合情况是分析经济稳定性和金融稳健性的有效抓手。

　　而经济是由实体经济与虚拟经济两大经济形态构成的，经济中不同的产业和部门都可以划归为实体经济与虚拟经济的内容。两大经济形态之间的协同关系是经济金融稳健的关键因素。而两大经济形态的发展又离不开资金的支持，实体经济中流入的资金多，必然带动实体经济的繁荣，使得社会物质财富量上升，而虚拟经济资金量的流入则助推了虚拟经济的繁荣，从吸引更多的资金流入虚拟经济，进而限制了资金对实体经济的支持。根据马克思经济理论，社会财富的源泉在于实体经济、资金流入实体经济、加大对实体经济的支持是国家经济发展的基础和基本方向，而资金流入虚拟经济，甚至从实体经济中挤出资金，则必然会危害到国家或者地区经济发展的稳健性。所以，资金流向是关乎经济稳健性的关键要素。而资金的流向从现有的统计中无法有效地分离，而与资金流向相对应的金融资产，因为有着完整的统计数据，而且具有历史积淀，就可以成为资金的等价对象，成为研究的目标和媒介。

　　为了进一步的研究需要以及表述的方便性，本书将实体经济发行的金融工具转换的金融资产定义为实体经济金融资产，将虚拟经济发行的金融

---

　　① 例如，以目前我国信贷资金为例，按照信贷资金收益最优原则，信贷资金不应该追逐国有企业，更不应该追逐面临淘汰的过剩产能企业，而应当投资于能够带动社会就业、创造较多社会价值的民营企业、中小企业或者具有创新能力的科技企业，但是因为国家信用的支撑以及非经济效益度量的考核政策，银行信贷更多地流向了国有大型企业，商业银行在日常经营中"垒大户"问题突出。

工具转换的金融资产定义为虚拟经济金融资产。同时，将实体经济金融资产与虚拟经济金融资产之间形成的比例关系定义为金融资产发行结构，它反映了实体经济和虚拟经济两种经济形态吸引社会资金的结构关系。由于吸纳的资金与经济体未来的发展相匹配，反映了经济体的发展情况，所以，这种结构关系也反映了实体经济和虚拟经济两大部门之间收益的差异。金融资产发行结构的变化及调整反映着资金流入实体与流入虚拟的结构关系的变动趋势，能够有效反映实体经济与虚拟经济的变化情况。两大经济形态经济总量的此消彼长影响着经济整体的稳健运行。2007 年美国次贷危机引发的金融危机就被认为是实体经济与虚拟经济发展不匹配的所造成的恶果（杨圣明，2008）。两大经济形态之间因为流入资金量的不同而造成旧均衡的打破和新均衡的形成，这种均衡状态要么是远离了两者之间的最优状态，要么是趋近了两者之间的最优状态，偏离最优状态越远，则经济波动越大；而偏离最优状态越近，则经济波动越小。也即要么增强经济波动，要么减弱经济波动。但无论如何，经济社会整体的稳健性所受到的冲击即表现为经济波动。

3.3.2　实体经济金融资产与虚拟经济金融资产划分的理论依据

根据前面的分析，金融资产按照发行方不同进行划分是依据经济中实体经济与虚拟经济两大形态划分的，实体经济和虚拟经济自身的准确界定是金融资产准确界定的基础。

1. 实体经济与虚拟经济的内涵

（1）实体经济的内涵。通常，经济系统可划分为实体经济和虚拟经济两大形态。关于实体经济，学术界目前有三种界定方法（黄聪英，2014）：第一种划分方法是为了与虚拟经济进行区分，将物质生产活动统称为实体经济，与之相对把非物质生产活动统称为虚拟经济，按照这种观点，实体经济则主要包括农业、制造业、能源、交通运输、邮电、建筑等与物质生产有关的经济活动，如成思危（2003）的观点；第二种划分方法则将实体经济定义为与物质产品和精神产品的生产、销售以及为之提供相应服务的经济活动，按照这种划分方法，实体经济不仅包括农业、制造业、能源、交通运输、邮电和建筑等物质生产活动，而且包括商业、文化、艺术以及体育等精神产品的生产和服务活动，即不仅包括第一产业和第二产业，而且包括第三产业中除金融业之外的其他产业，如王国刚（2004）的观点；第三种划分方法是金碚（2012）提出的，他认为广义的实体经济应该包括第一产业、第二产业和第三产业中的直接服务业和工业化服务业，其中，直接服务业是指以人的体力和技能直接提供服务，工业化服务业是指以工业技术为支撑的服务经济活动。

（2）虚拟经济的内涵。与对实体经济的内涵界定存在差异一样，虚拟经济的界定在学术界也不一致。对虚拟经济的考察最早可以追溯到马克思对虚拟资本的论述中来。马克思在《资本论》第三卷第五篇中论述利润构成及生息资本时，系统地分析了虚拟资本的形成过程，具体可归纳为两个方面：一是虚拟资本是在借贷资本（生息资本）以及银行信用制度的基础上产生的，包括股票、债券等；二是虚拟资本可以通过循环运动产生利润，获取某种形式的剩余价值。与马克思研究虚拟资本不同的是，约翰·梅纳德·凯恩斯以货币为切入点，将经济体系划分为实体经济与符号经济，他指出，所谓的这些"符号经济""虚拟货币"（virtual money）并不是基于实体经济系统的投资、生产、消费和贸易而创造出来的，而是单纯为了分散风险或者资产增值而产生的，其创造和流通一方面具有脱离于实体经济的独立特性，另一方面却以其巨大的规模和完全的流动性对经济系统产生着重要影响。

国内对虚拟经济的界定也基本上沿袭上述两种方法。具有代表性的研究学者是成思危、李晓西、刘骏民、王国刚、李杨等。成思危（2003）将虚拟经济定义为虚拟资本以金融系统为主要依托，通过循环运动实现经济收益的经济活动，简言之，即直接以钱生钱的活动。李晓西和杨琳（2000）指出，虚拟经济即"相对独立于实体经济之外的虚拟资本的持有和交易活动"，而虚拟资本作为市场经济中信用制度与货币资本化的产物，其内容涵盖期票与汇票等银行信贷信用、股票和债券等有价证券、产权、物权以及各种金融衍生品。王国刚（2004）通过对虚拟经济基本特征的考察将虚拟经济定义为通过对有价证券（股票债券、金融衍生品等）的持有来获取相应权益的经济行为及其关系的总和。李扬（2003）认为，虚拟经济讨论的核心问题是实体经济与货币经济之间的关系，因此，他认为，虚拟经济基本上可以和金融画等号。刘骏民（1998）将虚拟经济分为广义和狭义两个方面，指出广义的虚拟经济即除物质生产活动和相关劳务提供之外的所有经济活动，而狭义的虚拟经济则仅仅是指"所有的金融活动和房地产业"。在对虚拟经济进行概念界定的基础上，部分学者从交易工具的角度研究了虚拟经济的范畴，如袁国敏（2009）在既有的国际统计框架的基础上对虚拟经济统计核算的范围、原则与方法以及主要的统计指标等做了比较系统的研究，他指出，从交易工具来看，对虚拟经济的统计应涵盖股票以外的证券、股票和其他权益、金融衍生工具和房地产。罗良清和龚颖安（2010）也认为虚拟资产是一种以实物为背景的价值权利，应当包括股票、证券、衍生产品和房地产权等。

（3）本书研究的概念界定。准确界定实体经济与虚拟经济是研究实体经济金融资产与虚拟经济金融资产的基础。本书将有劳动介入、有新产品的产生并且实现了价值增殖的过程称为实体经济实现过程，用资本循环公式可以表示为：

$$G - W \begin{cases} P_m \\ A \end{cases} \cdots P \cdots W' - G' \qquad (3-1)$$

主要包括物质产品、精神产品的生产、销售及提供相关服务的经济活动，即本书所研究的实体经济不仅包括农业、能源、交通运输、邮电、建筑等物质生产活动，也包括商业、教育、文化、艺术、体育等精神产品的生产和服务等与物质生产有关的经济活动。而将以虚拟资本的运作为中心、脱离实体经济的价值形态、按照特定的规律独立运动以获取价值增值所形成的经济活动或经济领域称为虚拟经济，虚拟经济不产生新产品、仅仅从流通流转过程中获取剩余价值，其循环过程可以表示为 G - G'，也即成思危所言的以钱生钱的过程，具体包括证券、股票和其他权益、金融衍生品以及房地产。

2. 实体经济与虚拟经济的内在关系

虽然，从表象来看，实体经济和虚拟经济是相对独立的两个经济范畴，两者之间存在诸多区别，但实体经济与虚拟经济之间不可否认地存在着密切的关联关系（刘林川，2014）。从现有的研究来看，有观点认为虚拟经济的发展能够有效地促进实体经济增长，具体以戈德史密斯（1969）的金融结构与金融发展理论、麦金农（1973）的金融抑制深化理论为代表。也有观点认为虚拟经济发展对经济增长而言是不重要的，认为金融只是对实体经济作出被动反应，这样的观点可称为"需求跟进论"，即实体经济是虚拟经济产生和发展的前提和基础，实体经济的发展为虚拟经济的发展壮大提供市场空间，同时也对虚拟经济的发展提出了市场需求。随着实体经济的发展壮大，虚拟经济逐步形成和发展起来，并在其发展过程中充当了实体经济发展的"助推器"。但是如果虚拟经济的发展规模日益壮大，甚至严重脱离了实体经济发展的需要，一旦虚拟经济崩溃，势必会对实体经济发展造成巨大影响（黄聪英，2014）。还有一种观点认为虚拟经济与实体经济发展是相互促进的，金融发展促进了经济增长，经济增长也反过来促进了金融发展。黄华一（2012）则从虚拟经济收益来源的视角分析了虚拟经济对实体经济的依附关系，即实体经济是价值创造的源泉，而虚拟经济因为便利实体经济融资需求、降低融资成本的原因，从实体经济中获取剩余价值，其收益来源于实体经济所创造的价值在虚拟经济领域的二次再分配。

综合国内外对实体经济与虚拟经济关系的研究，本书认为实体经济与虚拟经济的关系可以表述为如下三个方面。

（1）实体经济是虚拟经济产生和发展的基础。

第一，虚拟经济是实体经济高度发展的产物，是应实体经济发展要求而生的。现代虚拟经济的主要载体是股票、债券等有价证券，这些有价证券的市场规模则是由发行这些金融产品的企业的经营状况、全社会的购买力等因素决定的，这些要素都是实体经济发展到一定程度的结果，没有实体经济的发展，以及因此而引发的对虚拟经济金融产品的需求，也就不会有虚拟经济金融产品的出现。

第二，良好的实体经济的发展状况是虚拟经济健康运行的基础。运行良好的实体经济将产生更多的社会财富，一方面，寄生于其中的虚拟经济的资产收益率会因此上升，引导社会资金追逐虚拟经济资产，形成虚拟经济繁荣的景象；另一方面，随着社会财富的扩张，全社会用于购买虚拟资产的购买力上升，也同样使得虚拟经济扩张。因此，良好的实体经济促进了虚拟经济的健康运行和蓬勃发展。

（2）虚拟经济对实体经济具有"双刃剑"作用。虚拟经济适度发展是实体经济发展的"助推器"。虚拟经济可以促进生产和流通，成为社会再生产的强大动力，是市场经济发展的有机组成部分。

一是虚拟经济促进了各经济部门之间利润的平均化过程。虚拟经济的发展为各部门之间资本的自由转移提供了充足的媒介工具，加速资本转移运动，在利润率平均化过程中发挥积极作用。

二是虚拟经济的发展缓解了实体经济的融资约束。实体经济的发展离不开资金的支持，但由于市场不完全的存在，银行为企业提供信贷资金时往往需要企业提供担保或者抵押。在虚拟经济发展良好的情况下，企业自身的股票市值或者企业所投资的金融资产因为其公允价值易于辨析并被广泛接受，就成为企业用于抵押的重要资源，进而解除了企业的信贷融资约束，提高了企业的融资水平。

三是虚拟经济影响实体经济的外部宏观经营环境。实体经济要生存、要发展，除了其内部经营环境外，还必须有良好的外部宏观经营环境。这个外部宏观经营环境就包括全社会的资金总量状况、资金筹措状况、资金循环状况等。虚拟经济有利于资源优化配置，促进经济增长。虚拟经济的载体如有价证券、金融衍生工具等可以带动社会资源按效率最大化原则重新优化配置。虚拟经济提高了金融市场有效性。例如，资产证券化处理为周期较长的存量债权在不同实体经济部门之间的优化配置提供了有效途径，提高了社会资本的利用效率。

（3）虚拟经济过度膨胀将影响实体经济的稳健性。虽然虚拟经济与实体经济之间相互依存、相互支撑，虚拟经济的发展为实体经济的发展提供了诸多方便，但是当虚拟经济过度发展，在虚拟经济内形成了资产泡沫，将会对实体经济的稳健发展造成影响。

一是有可能"挤出"实体经济投资。大量的资金因为逐利的原因流入虚拟经济，必然会造成虚拟经济的"虚假"繁荣，形成大量的资产泡沫。新古典宏观经济学认为，实体经济投资服从边际收益递减规律，而虚拟经济投资取决于投资主体对未来的预期。当虚拟经济中金融资产投资收益率大大高于其对实体经济的投资回报率时，大量资金从实体经济领域不断流出，造成虚拟经济的虚假繁荣和经济泡沫的不断累积，实体经济部门的投资供给则相对减少，形成对生产性投资的挤出效应。现有的文献也证实了这个观点，如马丁和本图拉（Martin & Ventura, 2003）、法希和梯若尔（Farhi & Tirole, 2012）的研究认为，当资产泡沫对实体经济的"挤入"效应较小时，资产泡沫的存在使得社会投资水平低于最优投资水平，从而影响到实体经济的发展。而当资产泡沫对实体经济投资形成"挤出效应"时，则社会投资水平进一步低于最优投资水平，从而拖累了实体经济发展。王永钦等（2016）以日本 20 世纪 80 年代的房地产市场以及股票市场为证据指出，日本地价和股价的上涨吸引了大量资金流入股票和房地产市场，导致投机热潮兴起，生产性投资下降，实体经济部门的投资因此受到挤压。董丰等（2023）的实证研究也证实，资产泡沫对实体经济以及经济波动具有加速、缓冲和挤出三种机制，其中，挤出机制会挤出银行对于生产资本的配置，进而导致宏观经济"脱实向虚"。

二是虚拟经济进一步膨胀会对实体经济的发展造成冲击。虽然虚拟经济资产泡沫的存在对实体经济投资存在"挤出"和"挤入"的双重效应，但是如果虚拟经济过度膨胀和过度繁荣，则会增加发生金融危机的可能性，而且是越繁荣，危机发生的可能性越大（Dell' Ariccia et al.，2012）。此次由美国次贷危机引发的全球金融危机，部分学者就认为是因为虚拟经济的过度膨胀和过度繁荣破坏了实体经济与虚拟经济之间的结构关系而致（杨圣明，2008）。加之金融加速器效应的存在，金融衍生品如期货、期权等虚拟性极高的金融衍生工具的出现，也形成多种投机工具，使泡沫发生的概率空前增大。对于实体经济基础相对薄弱的新兴市场，虚拟经济的过多供给与实体经济的吸纳能力形成了强烈反差，大量国内外短期资本不是流向实体经济领域，而是投机于股票市场等虚拟经济领域，加速了泡沫的膨胀乃至破裂。

从上面的分析可以看出，虚拟经济与实体经济的发展必须建立在双方相互协同的基础上，实体经济发展为虚拟经济的发展提供了市场需求和物质基础，虚拟经济发展满足了实体经济对金融支持的需求，但虚拟经济的发展也要遵从两者之间最优结构动态平衡关系，偏离这种动态的平衡关系会对虚拟经济与实体经济发展造成影响，如果虚拟经济严重脱离这种平衡关系而自我膨胀，将可能引发金融危机，对实体经济与虚拟经济的发展造成严重的打击。

而经济的发展与投入其中的资金关系密切，投入的资金量越大，则经济发展越充分；投入的资金量不足，则经济发展受限。所以，实体经济与虚拟经济的这种最优结构关系就受制于投入到实体经济与投入到虚拟经济中的资金的动态最优关系，投入到实体经济中的资金与投入到虚拟经济中的资金量的变化和方向性的调整是引发实体经济发展与虚拟经济不均衡的原因。当资金大量投入实体经济时，必然使得实体经济能够有较多的机会获取社会最优资源或者获得社会最优资源的支持，如获得最优创新产品、专利技术乃至先进设备，这些都会使得实体经济的发展在经济整体的发展中占得先机，实现较快发展。而如果资金一改往日的动向而加速流入虚拟经济，不仅会使得实体经济获取资金的量缩减，甚至会将资金挤出实体经济而使其进入虚拟经济，引发实体经济的衰退。所以，实体经济发展与虚拟经济发展的结构关系取决于流入其中的资金的结构关系。如果说，实体经济与虚拟经济之间的结构关系是一个事后的量，需要在期末终了才可以统计出来的话，则流入其中的资金的结构关系则是一个很好的、与事后量紧密相关的事前量，通过对事前量进行分析可以研判事后量的发展动向，它是研判实体经济与虚拟经济结构是否均衡有效窗口。但如前述，流入实体经济与虚拟经济的资金量在统计上无法有效分离，而与资金交易的金融资产成为流入实体经济与流入虚拟经济资金量的有效等价量。因此，在实体经济金融资产与虚拟经济金融资产之间必然存在一个动态最优的结构关系，这种比例关系就成为审视经济发展最优与否的有效窗口。而实体经济与虚拟经济的背离表现为经济波动。因此，金融资产发行结构也就成为引发实体经济与虚拟经济背离并最终导致经济出现波动的原因，作为观察和解释经济波动的渠道之一，由于组成金融资产发行结构的实体经济金融资产与虚拟经济金融资产并不是在现有的统计框架之内，尚需要从现有的统计数据出发对实体经济金融资产与虚拟经济金融资产进行分割和组合。

3.4 实体经济金融资产与虚拟经济金融资产的涵盖范畴

本章分析虚拟经济金融资产范畴，因为在虚拟经济金融资产的讨论中可以部分地考察到实体经济金融资产的范畴。

3.4.1 虚拟经济金融资产范畴

确定虚拟经济金融资产，先要回归到虚拟经济的定义，即以钱生钱的方式来实现增殖的过程。这个过程与实体经济的重要区别在于，金融资产不介入实体经济生产。按照现有的划分方法，即股票、债券、基金、金融衍生品以及以获取利润为目的的房地产买卖等都属于虚拟经济，但这些资产并不完全是虚拟经济金融资产，尚需进一步分割。

1. 股票

一般来说，券市场分为一级市场和二级市场，一级市场是股票的发行市场，在这个市场上，股东的闲置资金变成了股东持有的金融资产，而发行者也因此而获得了所需资金，从这个市场而言，一级市场形成的金融资产置换的资金进入企业生产环节，满足企业购置设备、扩张生产规模、进行技术改造等需要，这些都是生产环节的组成部分。因此，市场交易的资金参与了实体经济生产，流向了实体经济。而在二级市场上，即股票流通市场上，股票的投资者所投入的资金置换的金融资产则完全基于对流通环节所产生的收益的追逐，这部分资产的交易目的是实现以钱生钱，属于虚拟经济金融资产的范畴。所以，对于股票这种金融资产而言，通过一级市场发行获取的筹资额对应的金融资产属于实体经济金融资产，而在二级市场上，以获取流转收入为目的的资金投入所获得的金融资产属于虚拟经济金融资产。

2. 债券

债券是金融市场的重要工具之一，是直接融资的重要渠道。我国从 1981 年恢复国债的发行、自 1996 年末建立债券托管机构以来，市场规模迅速扩大，市场创新踊跃，参与主体日趋多元化。中国人民银行发布的 2023 年金融市场运行情况显示，2023 年，全国债券市场共发行各类债券 71.0 万亿元，同比增长 14.8%。其中，银行间债券市场发行债券 61.4 万亿元，交易所市场发行债券 9.6 万亿元。2023 年，国债发行 11.0 万亿元，地方政府债券发行 9.3 万亿元，金融债券发行 10.2 万亿元，公司信用类债券发行 14.0 万亿元，信贷资产支持证券发行 3485.2 亿元，同业存单发行 25.8 万亿元。截至 2023 年末，债券市场托管余额 157.9 万亿元，同比增长 9.1%，其中，银行间债券市场托管余额 137.0 万亿元，交易所市场托管余额 20.9 万亿元。商业银行柜台债券托管余额 577.5 亿元。① 债券市场的重要性日渐凸显且活跃性也日益突出。

（1）我国债券的主要类型。根据债券发行主体的不同，我国债券一般被划分为七大类，即政府债券、中央银行票据、政府支持机构债券、金融债券、企业信用债券、资产支持债券及熊猫债券七大类。政府债券包括国

---

① 中国人民银行.2023 年金融市场运行情［R/OL］.（2024 – 01 – 29）［2024 – 07 – 28］. ht- tp：//www.pbc.gov.cn/goutongjiaoliu/113456/113469/5221498/index.html.

债及地方政府债券，是以国家财政或地方财政为依托发行而形成的债权债务关系，其中以国债信用等级最高。中央银行票据是中央银行面向商业银行发行的债务凭证，其终极目的是调节市场货币供应量。政府支持机构债券主要包括为铁路建设而发行的铁路债券和为履行国有重点金融机构需要而发行的中央汇金债券。金融债券包括政策性金融债券、商业银行债券、非银行机构债券。政策性金融债券由开发性金融机构和政策银行发行。商业银行债券由境内设立的商业银行法人发行，商业银行债券包括一般金融债券、小微企业贷款专项债、次级债券、二级资本工具等。非银行机构债券由境内非银行金融结构发行，发行主体包括财务公司、金融租赁公司、保险公司和证券公司。企业信用债券包括企业债券、非金融企业债务融资工具、公司债券、可转换债券和中小企业私募债券五大类。其中，企业债券包括中小企业集合债券、项目收益债券、可续期债券，非金融企业债务融资工具包括短期融资券、超短期融资券、中期票据、中小企业集合票据、非公开定向债务融资工具、资产支持票据、项目收益票据等。资产支持证券包括信贷资产支持证券、企业资产支持证券。

（2）我国债券的交易市场及其交易达成方式。债券虽然是一种相对股票来说收益稳定的金融工具，但在不同的交易市场中，债券的交易方式不同。我国债券市场主要包括银行间市场、交易所市场和商业银行柜台市场三个子市场。其中，银行间市场是我国债券市场的主体，约占全市场债券存量的94.43%。银行间市场属于大宗交易市场（批发市场），其参与者为各类机构投资者，参与双方通过双边谈判成交，并采用逐笔结算的方式进行结算。而交易所债券市场则由各类社会投资者组成，属于集中撮合交易的零售市场，典型的结算方式是净额结算。商业银行柜台市场是银行间市场的延伸，也属于零售市场。

银行间债券市场的交易达成主要是通过交易双方自主谈判、逐笔成交而实现的。交易双方谈判的过程也就是询价过程和达成交易并形成交易合同的过程，可以通过外汇交易中心的电子交易系统进行，也可以通过电话、传真等手段进行。银行间债券市场是一级批发市场，在债券批发之前，成交价格的形成方式两种：一是询价交易。询价交易方式下，报价包括意向报价、双向报价和对话报价三种报价方式。意向报价是指交易成员向全市场、特定交易成员和（或）系统用户发出的、表明其交易意向的报价。双向报价是指交易成员向全市场发出的，同时表明其买入、卖出或融入、融出意向的报价。对话报价是指交易成员为达成交易，向特定系统用户发出的交易要素具体明确的报价，受价方可直接确认成交。二是点击成交。报价方发出具名或匿名的要约报价，受价方点击该报价后成交或由限价报价直接与之匹配成交的交易方式。

而交易所交易主要采用两种途径达成交易。一是自由竞价、撮合成交。这种交易达成方式按照"价格优先、时间优先"的原则竞价成交。由于采用这种交易的债权在两市开盘日的 9：15 - 9：25 采用集合竞价、在 9：30 - 11：30、13：00 - 15：00 期间采用连续竞价方式进行竞价交易，实行 T + 0 交易、T + 1 结算。二是大宗交易方式。对于在上交所进行的单笔买卖申报数量超过 1000 手或交易金额超过 100 万元的现券及回购交易，以及在深交所进行的单笔交易数量超过 500 手或交易金额超过 50 万元的现券及质押式回购交易，则被认定为大宗交易。大宗交易采用协议交易或盘后定价，交易的申报包括意向申报和成交申报，成交申报须经证券交易所确认。交易所确认后，买卖双方均不得撤销或变更成交申报，必须承认交易结果、履行相关的清算交收义务。

而商业银行柜台市场交易方式目前仅针对记账式国债、国家开发银行债券、政策性银行债券和中国铁路总公司等政府支持机构债券，这些债券在商业银行柜台实现交易，双方按照既定的债券买卖价格完成交易，交易达成过程中一般不存在询价或竞价环节。

根据上述对债券的不同交易达成方式可以看出，银行间债券市场的交易是原有债券在既定价格下的一种延伸，就是原有的投资人将其持有的债券在市场上进行出售，但债券本身所既定的收益不变，资金对该类债券的占有和放弃本质上并没有改变债券的收益，只不过是投资者资金调剂的一个手段或者说一种方式而已。从整个债券的续存期来看，先手卖出债券的投资者非常清楚自己放弃了多少收益，而后手获取债券的投资者也非常清楚，自己通过持有这个债券将获取多少收益。在这个存续期内，债券无论流转多少手，各个持有者最终所得到的收益总和等于债券面值与其收益率的乘积，是一个不变的量。因此，在这个债券的存续期中，所有的交易无非是原有投入的替代，投入并没有增加或减少，而与债券对应的生产过程还在持续。

而交易所债券市场则不同，这种债券的收益不是既定的，投资者持有的可以在这个市场上进行交易的债券，其目的就是获取额外的收益，这种交易行为与股市完全一致，投资者在涨涨跌跌的债券市场中，脱离了其原有的既定的价值空间，而从这个涨跌之中获利，实现了投机收益。

因此，债券的交易方式决定了债券属于实体经济金融资产还是虚拟经济金融资产的范畴。在交易所交易的债券，其价值的增殖虽然受到企业价值增殖的约束，但其灵活度远远高于在银行间市场交易的债券。参与交易所债券交易的投资者，其所投入的资金是以谋取债券流转过程中的超额收益为目标，按照既定的实体经济金融资产与虚拟经济金融资产的界定标准，本书将流入交易所参与债券交易的资金所对应的金融资产界定为流入虚拟经济的金融资产。表3-1列出了我国现有债券发行机构与交易所，根据债券交易达成的方式不同，理论上可以用公式表示为：

流入虚拟经济债券的量＝交易所债券市场资金净流入－交易所债券首发额

表3-1 我国债券及其发行机构、交易场所

债券种类		发行机构	交易场所
国债	记账式国债	中央结算公司	银行间债券市场 交易所债券市场
	储蓄式国债	通过商业银行柜台发行	
地方政府债	一般债券	中央结算公司	银行间债券市场 交易所债券市场
	专项债券		
中央银行票据		中国人民银行	银行间债券市场
政府支持机构债券	铁道债券	铁路总公司	银行间债券市场
	中央汇金债券	中央汇金公司	
金融债券	政策性金融债券	政策性银行	银行间债券市场（证券公司债券在交易所债券市场交易）
	商业银行债券	商业银行	
	非银行金融债券	非银行金融机构	
企业信用债券	企业债券	中央结算公司	银行间债券市场 交易所债券市场
	非金融企业债务融资工具	交易商协会	银行间债券市场
	公司债券	上市公司或非上市公司	交易所债券市场
	可转换公司债券	上市公司	交易所债券市场
	中小企业私募债券	境内中小微型企业	交易所债券市场

续表

债券种类		发行机构	交易场所
资产支持证券	信贷资产支持证券	信托公司	银行间债券市场
	企业资产支持证券	券商	交易所债券市场
熊猫债券		国外开发机构及境外银行	银行间债券市场
同业存单		存款类金融机构	银行间债券市场

资料来源：根据《中国债券市场概览（2022）》整理而得。

3. 基金

与股票反映的是所有权关系、债券反映的是债权债务关系不同的是，基金反映的是一种信托关系。其本质是资产委托人基于对资产受托人的信任，将资金委托给资产受托人进行证券等金融产品的投资，以实现利益最大化。从投向来看，股票、债券是直接投资工具，其所筹集的资金主要投向了实体经济（这里强调的是所筹集的资金），而基金是间接投资工具，基金管理公司发行基金单位，集中投资人的资金进行管理和运作，从事证券、期货、基金、保险、银行存款等金融资产、未上市公司股权以及其他可被证券化的资产等的投资。所以，基金所筹集的资金既有可能以股权投资、风险投资等形式进入实体经济领域，成为实体经济发展的资金来源渠道，满足实体经济资金需求，也有可能以上市公司股票以及两市债券为投资对象，进入虚拟经济领域，成为虚拟经济资金来源。所以基金归属于实体经济金融资产还是归属于虚拟经济金融资产要区别对待。按照本书对实体经济金融资产和虚拟经济金融资产的界定标准，基金中用于投资在交易所上市的股票以及两市交易债券的部分计入虚拟经济金融资产范畴，而另外一部分则计入实体经济金融资产范畴。

4. 金融衍生品

所谓金融衍生产品是相对原生产品而言的，是由原生产品衍生出来的金融产品。金融衍生产品按照产品形态可以分为四大类，即远期（forwards）、期货（futures）、期权（options）及互换（swaps），其他类型则是对这四种类型的组合，如期权期货、互换期权、远期互换等。根据基础产品，大致可以分为四类，即根据股票、利率、汇率和商品等基础资产衍生出来的金融衍生品。所谓远期是指双方在未来某一时期按照事先规定的价格、数量买卖某种标的物（如商品、外汇、利率、股票、债券、股票指数等）的合约。而期货是一种由集中的交易市场规定交易标的物（如商品、外汇、利率、股票、债权、股票指数等）的品质、价格、数量、到期日等，在未来某一时期进行交割买卖的合约。期权又称选择权，是指投资者在一定条件下买入或卖出某种标的物的权利，但并无此义务，这些条件包括基础产品的品质、数量、成交价格、到期日及期权本身的价格等。互换则是指交易双方达成协议，约定在未来的某一时间以事先规定的方法交换两笔货币或资产的合约。

金融衍生品是金融市场重要工具，越来越多地发挥着规避和对冲风险的重要作用，成为实现价值增殖和保值的重要工具。如期市场上的空头套期保值业务，即空头保值者担心自己拥有的某种商品因未来市场价格下跌而产生损失，通常采用卖出该商品的空头套期保值合约来规避价格下降的风险。再如互换业务中的一类常见业务类型——利率互换，其目的是规避利率风险，运作方式是双方约定一笔名义上的本金数额，然后甲方许诺在未来一定的时期内定期支付乙方一笔货币，其金额等于按照事先商定的固定利率计算的本金利息，而乙方则同时支付甲方一笔货币，其金额等于按照市场浮动利率计算的本金利息，双向流动的货币为同一种货币，不存在汇率风险。使用这些衍生产品的目的就是通过市场交易实现价值增殖（既实现了保值，又从另外一个层面上实现了价值增殖）。按照虚拟经济定义，这种金融衍生品自然也属于流入虚拟经济的金融资产。

5. 房地产

房地产是一个特殊的行业，是游走于实体经济与虚拟经济之间、同时兼具实体性和虚拟性的产业（祝宪民，2013）。其实体性表现在房地产是集聚物质资源，生产出来新的有别于物质投入的产品，这种生产出来的产品能够直接用于生产和消费，是家庭财富和企业资产的重要组成部分。而同时，房地产又具有强于普通商品的价格波动（郭金兴，2004），加之房地产兼具虚拟经济的相关特性（南开大学虚拟经济与管理研究中心课题组，2004；李杰和王千，2006；王千，2007），所以在研究中又要将房地产作为虚拟经济来看待。刁思聪等（2011）的研究进一步认为，相对于债券市场、衍生品市场规模较小而言，股票市场和房地产市场由于其规模较大，对实体经济影响也大。这种影响，一方面是源于资金流入虚拟经济而使得实体经济资金增量下降而影响实体经济发展，另一方面则是虚拟经济对实体经济的挤出效应，如陈海声和温嘉怡（2012）的研究认为，房地产的虚拟性以及房地产在近几年的高收益性使得一部分的制造业企业在逐利驱使下参与了房地产投资，削弱了企业对研发的投入。同时，房地产的价格的走势影响着居民对通货膨胀预期（王益君，2016）。而且，由于房地产的虚拟性，如房地产信托投资基金等金融创新产品影响着流入房地产的资金量（刘伟等，2016）。所以，在研究中，一般将以获取流转收益为目的的那部分房地产作为虚拟经济看待。

按照这种分析，理论上流入虚拟经济的金融资产可以概括为：

虚拟经济金融资产量 = 股票二级市场资金流入额 +（交易所债券市场资金流入额 – 交易所债券首发额）+ 以上市公司股权以及上市债券为投资对象的基金 + 金融衍生品 + 以实现套利为目的的房地产买卖

3.4.2　实体经济金融资产范畴

根据前面对实体经济与虚拟经济的分析，实体经济可以表示为：

$$G - W \begin{cases} P_m \\ A \end{cases} \cdots P \cdots W' - G'$$

即包括筹资、购买、生产和销售四个阶段（黄华一，2012）。筹资阶段是企业完成对社会闲余资金的筹集，以完成自身生产需要的阶段，这个阶段是金融资产发行方发行融资工具，从市场获取资金的过程，从资金盈余者角度来看，也是资金置换金融资产的过程。购买阶段是企业利用所筹集的资金在生产要素市场上完成对生产要素的购买和占有过程，这个阶段是实现资金与生产要素的等价交换，无资金进入，也没有新的金融资产的形成。生产阶段是企业利用占有的生产资料生产新的产品以实现价值增殖的过程，这个过程在企业内部实现，也不存在与外部进行资金交换的过程。售卖阶段是实体经济生产的最后一个环节，企业将所生产的包含价值增殖的商品以等价交换的方式售卖出去，实现商品资本向货币资本的回归。销售阶段是实体经济生产的关键环节，关乎着实体经济的存亡，这个阶段完成得彻底与否，是实体经济生产的产品被市场接纳与否的关键。如生产汽车的企业在生产完成以后能否实现售卖，将关乎着汽车制造业的生存，同时也关乎着前期投资者的投资收益获取，只有当这种商品最终被具体的消费者所购买并且使用，汽车生产的循环才算完成，其中任何环节的不流畅或者不彻底都会反馈到实体经济的生产上,对实体经济的发展造成影响。而现实中,除了产品本身不能适应生产需求而无市场以外,消费者自身满足消费的自有资金不足,无法完整支付并购买实体经济生产的商品,也会使得实体经济循环因为销售不畅而出现阻滞。如房地产生产不仅在建造阶段需要通过金融市场发行融资工具获取资金以满足生产所需,在销售阶段,作为消费者而言,同样需要发行融资工具,通过获取足额资金实现对房屋的购买,否则,房屋将无法被消费者所购买,而房地产企业将面临破产的风险。所以,销售阶段本身是实体经济循环的一个重要环节,这个阶段的融资,如商业信贷,也是实体经济金融资产的组成部分。本书把这两个阶段的资金筹集过程统称为实体经济筹资阶段。

因此,在实体经济的生产中,资金流入实体经济的阶段主要在筹资阶段。而对企业或者消费者而言,筹资不外乎两种渠道三种方式:一种渠道是直接融资,即通过金融市场发行股票和债券来募集资金;另一种渠道是间接融资,即向银行申请并获取贷款。股票和债券在虚拟经济金融资产中已经讨论过,只有在一级市场发售的部分进入了实体经济。而向银行申请贷款是企业为生产所需,从银行获取的满足流动性的重要通道。按照现有对贷款的统计,贷款分为短期贷款、中长期贷款、融资租赁、票据融资以及各种垫款,这些项目都与实体经济生产密切相关,加之我国监管部门禁止贷款流入股票等虚拟经济市场,因此,在统计中,本书将贷款全部划归为实体经济金融资产。按照这种划分方法,则实体经济金融资产包括贷款、一级市场发行的股票和债券。

3.5 按发行方不同划分金融资产的意义

从上述分析来看,实体经济与虚拟经济是经济体系中两大形态,两者之间相互依存、互惠互利。实体经济是国民经济的基础,是社会财富的创造源泉,为社会生产和居民生活提供必需的物质财富,满足人们的需要。虚拟经济也是一种财富,但这种财富依附于实体经济、源于实体经济,并为实体经济服务。虚拟经济脱离实体经济的基础性支撑必然会对自身发展及实体经济发展造成严重的损害,源于 2007 年美国次贷危机的此次金融危机就是一个虚拟经济脱离实体经济而造成无法挽回的严重损失的有力证据。

所以，研究实体经济与虚拟经济并不是否认一方的作用而夸大另一方的作用，其目的在于通过一定的措施实现两者之间相互协调，达到经济金融稳健发展的需要。

但以实体经济和虚拟经济为研究对象会发现，实体经济与虚拟经济本质是一个存量概念，很多学者（刘林川，2014；刘洋，2015；伍超明，2004；刘骏民等，2004）就是通过对这个存量概念去研究和分析两者之间的结构关系的。而存量概念是某一个时点实体经济的总量与虚拟经济的总量的情况，这个量的形成必须经历一定时间段，如一月、一季乃至一年，但在这一月、一季乃至一年中，经济金融将发生什么样的变化，或者说在此期间经济金融是否稳健，本书无法从实体经济与虚拟经济当下的数据中来研究或者证明，而只能等待本期结束，存量数据形成以后，才能分析本时间段内经济金融的稳健性。这样一个与经济不稳定事件同时形成乃至滞后经济事件形成的可观察变量，为及早发现经济金融不稳定因素、及早实施经济金融管控、防范和化解风险的管理目标所不容，也在一定程度上影响了经济管理调控的及时性和有效性，使得经济调控手段成为"马后炮"，有悖于本书试图通过对此两者变量的结构分析来研判经济金融形势的目的。虽然说，本章可以采取上一期的数据来预测本期的情况，但这种方法也仅仅是预测，无法满足较为精准地推定下一期的经济金融运行的稳健性和安全性这个要求。如果以实体经济金融资产以及虚拟经济金融资产这两个流量指标为观察窗口，就会使得研究的关口前移。将金融资产按照流入实体经济与流入虚拟经济进行划分，具有如下的理论基础及研究意义。

一是将金融资产划分为实体经济金融资产与虚拟经济金融资产符合金融发展的初衷。通过前面的研究可以看出，金融与经济密不可分，而现有对金融资产的归类划分不能够完全体现各种金融资产本身所具有的功能[①]，同时，将不同的金融资产完全分割，虽然这种划分方法有利于对各种不同的金融资产之间的结构进行比较，但不同的金融资产可能具有相同的功能，比起比较不同金融资产之间的结构更为重要的是要比较具有相同功能的金

①　系统论的研究认为，结构与功能是相统一的，不同的结构所具有的功能是不同的。而作为要素的金融资产本身，也是一个具有一定结构的整体，这个可以从"自相似结构"理论去解释。混沌理论研究揭示系统的局部与整体具有"自相似的结构"，即把局部放大则具有与整体相似的结构（王习胜，2000）。

融资产所形成的金融资产集之间的结构关系，因为通过这个金融资产集之间的相互关系能够很好地预测经济金融的发展态势。例如，在已有的研究中，学者们如易纲（2008）研究了股票、债券、存款、贷款、对外投资等各种金融资产相对于金融资产总量在一个时间段内的变化以及国内国外这种金融资产之间的比例关系，按部门分析了资金来源和运用的结构变化，反映了一定时间段内居民投资倾向的变化。也有的学者用这些金融资产与GDP进行比较，反映这些金融资产在国民经济收入中的占比。但这种研究忽略实体经济与虚拟经济之间的关系，虽然说比较了不同金融资产与GDP之间的比例，但不同的金融资产可能流入的经济形态是相同的，虽然有的金融资产与GDP相比较是上升了，有的金融资产与GDP相比较是下降了，但具有相同功能的金融资产相对于GDP的变化情况没有很好地反映出来，影响了金融资产结构分析的有效性。

以金融资产发行于实体经济和发行于虚拟经济的不同来划分金融资产并形成金融资产发行结构，就能够很好地反映发挥相同功能的金融资产在推动实体经济与虚拟经济发展中的能量情况，为防止某种金融资产配置过多而对经济金融发展造成影响设置了观察前哨。

二是将金融资产划分为实体经济金融资产与虚拟经济金融资产也符合马克思的研究观点。研究虚拟经济的学者均坚持一个观点，即虚拟经济的研究可以溯源至马克思提出的虚拟资本的研究，马克思在《资本论》第3卷中对虚拟资本进行了系统论证，他指出，虚拟资本是伴随着货币资本化的过程而产生的，是生息资本的派生形式。"当货币转化为资本时，它能当作资本用，并在其运动中，除保存它原来的价值外，还会产生一定的剩余价值，即平均利润。就其余商品说，使用价值最后被消费，商品的实体以及它的价值也会随着消灭，但资本商品有一种特殊性，即它的使用价值的消费不仅会保存并且会增加它的价值和它的使用价值。"[①] 所以，马克思所指的虚拟资本本质上是"那些根据将来收入流资本化来确定价值，而在实际工业资本中找不到相对应物的金融资产"（Guttmann，1994）。所以，以流入虚拟经济的金融资产来反映虚拟资本，并以此来研究虚拟经济发展情况也符合马克思的研究初衷。也可以说，以资金流向为依据划分金融资产

---

① 马克思. 资本论：第3卷［M］. 上海：上海三联书店，2011：245－246.

以及通过金融资产的发行结构来研究实体经济与虚拟经济的关系，也实现了实体经济与虚拟经济研究方法的回归。

三是实体经济与虚拟经济相背离在本质上是流入实体经济与虚拟经济资金的背离。金融资产的属性之一是具有收益的可预测性，而且同时具有资产形式的可转换性以及流动性，金融资产的流动或者转换性就是奔着收益而去的。在一个较短的投资区间内，金融资产的预期收益是既定的，奔着这个既定的预期收益而去的金融资产在投资期末清算时就成为期末实体经济与虚拟经济总量中的一部分。经济体中的实体经济与虚拟经济在一个时点结束时的量，既反映了在本次投资发生之间的积累的量，也反映了因此次投资而产生的新增或新减的量，而前期的存量在投资之前已经成为定论，如果当时实体经济与虚拟经济未形成背离，那么新近一期的投资就是形成经济背离的原因，而新近一期流入实体经济与流入虚拟经济资金的结构关系就成为本期经济背离的原因和观察窗口。在这个意义上来说，经济背离本质上是流入实体经济与流入虚拟经济资金的背离，也说明了实体经济金融资产与虚拟经济金融资产结构出现了问题。而实体经济与虚拟经济的背离就成为金融危机的诱因（刘洋，2015），所以，对于以探明金融与经济关系、观察经济稳健性和金融安全为目的的研究来说，金融资产流向结构提供了一个很好的研究视角和操作工具。

四是丰富了金融资产的研究领域和空间。金融资产的量反映了金融发展。以国际会计准则为基础的金融资产的划分方法以及以国民核算体系为依据的金融资产划分方法，都很好地解决了企业核算利润的需要以及国家考核金融发展情况的需要。而以金融资产发行方的不同为划分依据有别于原有的划分视角，即实现了金融资产的划分由收入视角向支出视角的转变，从两大经济形态发行金融资产的量来反映金融资产在经济生活中举足轻重的作用。从另外一个视角来看，也很好地反映了实体经济与虚拟经济各自对资金的吸引力，而这个吸引力，影响着两大经济体的协调程度。维护好实体经济与虚拟经济之间的协同关系是经济管理的重要内容，也是目标所在。而通过将金融资产按照发行方的不同进行划分也为经济管理提供了具有可操作的、可观察的、能够通过现有统计框架来获取相应数据的有效途径。

3.6 本章小结

本章在廓清资产以及金融资产概念的基础上进一步分析金融与经济关联性，奠定金融服务并服从于实体经济发展的观点的基础上，按照经济体划分为实体经济与虚拟经济的不同将实体经济发行、筹集资金用于实体经济发展的融资工具所对应的金融资产定义为实体经济金融资产，而将以实现以钱生钱为目标，通过流通环节实现增值的资金所置换的金融资产定义为虚拟经济金融资产，将实体经济金融资产与虚拟经济金融资产的比例定义为金融资产发行结构。分析了将金融资产划分为实体经济金融资产和虚拟经济金融资产的理论及现实意义。

同时，分析现有已经统计的金融资产的实体经济与虚拟经济属性，离析出实体经济金融资产与虚拟经济金融资产的涵盖范畴，即虚拟经济金融资产包括股票二级市场资金流入额，交易所债券市场资金净流入额，以上市公司股权以及上市债券为投资对象的基金、金融衍生品、以实现套利为目的的房地产买卖，而实体经济金融资产包括贷款、一级市场发行的股票和债券。

第4章

金融资产、金融资产发行结构与经济波动关系的理论分析

实体经济金融资产和虚拟经济金融资产是实体经济与虚拟经济从市场中吸纳资金并向资金所有者发行的金融工具，其量是反映实体经济和虚拟经济从市场中吸纳的资金量，是实体经济与虚拟经济结构变化的影响因素。根据上一章的分析，实体经济与虚拟经济之间存在最优的结构关系，在最优的经济结构区间内，实体经济为虚拟经济提供市场发展的空间，虚拟经济也为实体经济发展创新金融通道，提供金融服务。但当两者结构发生变化，相互之间的最优合作关系打破，实体经济与虚拟经济之间的相互支撑作用弱化，甚至逆转。而流入两种经济体的资金结构是影响两种经济形态结构变化的重要原因，同时，流入两种经济体的资金结构与两种金融资产所形成的金融资产发行结构相对应并一致，因此，金融资产发行结构的变化就成为经济结构变化的原因。实体经济金融资产与虚拟经济金融资产的结构变化导致经济发展偏离原有的均衡状态，对总产出、就业、贸易等产生忽高忽低的变化。经济偏离了最优增长状态而表现出的忽高忽低的状态即构成经济波动。所以，金融资产发行结构也就成为导致经济波动的原因所在。本章在第3章研究的基础上进一步研究金融资产、金融资产发行结构变动与经济波动之间的作用机理，为下一步实证检验打好基础。

本章主要包括三部分，一是进一步区分资金、金融资产与金融工具之间的相互关系，为进一步的分析奠定基础；二是从实体经济金融资产与虚拟经济金融资产在实体经济生产与虚拟经济的价值增殖过程出发，研究实体经济金融资产与虚拟经济金融资产之间的相互关系；三是通过理论模型具体分析金融资产与经济增长之间的稳态关系，对金融资产发行结构脱离稳态状态对经济波动造成的影响进行理论阐述。

4.1 资金、金融资产及金融工具相互关系辨析

资金、金融资产、金融工具是金融学中重要的名词，也是本书反复使用的概念，准确理解这些概念，尤其是把握三者之间在量上的相互关系对理解本书具有关键作用，本部分对相互之间的关系进行一次集中辨析。

资金，也可以称为钱、货币或者一切可以充当一般等价物的物品。在市场经济条件下，资金作为一般等价物，是企业获取社会资源的重要媒介。一个资金富有的企业，就具有了优先从市场中选择资源的权力，也就无形中具有了占有市场最优资源的能力。但全社会的资金总量是有限的，一个企业或者行业对资金占有得越多，其他企业或者行业从社会上获取的资金量就越少，企业的发展也就因为拥有资金量的不同而导致占有资源的能力不同，进而划分为不同的等级。因此，作为需要通过外部融资来满足资金需求的企业就具有了向市场索求更多资金的冲动和意愿。而资金是有成本的，获取资金需要给资金提供方一定的补偿，企业作为理性的经济人在获取资金时就存在成本约束问题。同时，因为市场对企业发展前景的认知存在差异，作为资金的提供方，本着风险最小化和收益最大化的原则，会综合考量资金的安全性以及通过机会成本来定价，资金的可获取性因而也受到企业自身发展情况的约束，比如中小企业较大型企业较难获取社会资金、新型科技型企业因为市场前景不明而存在获取资金难度较大的现状。在资金供给与资金需求方之间相互讨价还价的并形成最终意向的情况下，作为承载双方投融资意愿的金融工具应运而生，成为企业从市场获取资金的重要通道。

金融资产是在金融市场上进行交易、具有现实价格和未来价格的金融工具的总称，金融资产最大的特征就是能够在市场交易中为其所有者获取即期或者远期的货币收入流。谈及金融资产，必然对应于资产的所有者而言，也即资金供给者而言，拥有了金融资产，就拥有了向企业获取未来收益的索取权。比如债券代表持有人对发行人索取固定收益的权利，而股票则代表的是股东所拥有的对公司未来收入剩余部分的要求权。在金融市场上，投资者买卖金融资产，实现了资金从盈余部门向赤字部门转移，实现资金融通。而金融工具则是一个相对宽泛的定义，是各种证明债权债务关

系或者所有权关系的具有法律效力的凭证的总称。作为金融市场实现资金融通的桥梁，金融工具一方面是资产发行方发行的融资工具，满足其通过融资工具获取资金的需求；另一方面是资金盈余者通过出让资金获取能够为其获取未来收益的要求权的工具。所以，金融工具一头连着资金需求方，一头连着资金盈余方，在交易达成以前，它是资金需求方的融资媒介；在交易达成以后，成为资金盈余方的资产。

因此，金融资产、融资工具是金融工具对应于资金供给者与资金需求者不同的称谓而已，在市场中，企业向市场发行了多少融资工具，就获取了资金提供方供给的多少资金，并因此在资金供给者手中形成多少量的金融资产。资金的量等于企业发行的被市场所交易的融资工具所承载的价值量，也等于让渡资金的资金供给者手中持有的金融资产的量。资金是度量金融资产与融资工具量的一般等价物，发挥了价值尺度的作用。在交易完成以后，资金继续发挥其支付功能，被所有者应用于其他项目的支付中，而与其等价的金融资产则沉淀在了资产投资者手中。因此，本书反复强调的实体经济与虚拟经济从市场中获取的资金量的情况决定着两者发展方向，如果从量上而言，也就是实体经济与虚拟经济发行的融资工具的量决定着实体经济与虚拟经济的发展方向，同样，也可以表述为实体经济金融资产与虚拟经济金融资产的量决定着实体经济与虚拟经济的发展方向，三者的表述是等价的。所以说，在资金为王的市场经济时代，追逐资金流动方向、衡量市场中资金偏好的一个非常有价值的指标就是金融资产，它反映了一个企业或者产业从社会获取资金的量以及能力，也就反映了这个企业或者产业其未来的发展前景，因此，在分析研判企业或者产业的发展方向方面，金融资产成为有效的研究指标。本书正是基于金融资产与资金的这种关系，以资金流向为关注对象，以金融资产为研究抓手，着眼于实体经济与虚拟经济因吸纳资金的不同而对应的实体经济金融资产与虚拟经济金融资产量的不同，从金融资产流量的角度来研究实体经济与虚拟经济发展，研判经济的稳定性。而研究实体经济金融资产与虚拟经济金融资产的结构变化所导致的经济稳定性的变化需要首先明了两种金融资产所对应的资金在这个流转过程中的特点和形态变化，这是本部分后续即将展开的内容。

4.2 实体经济金融资产与虚拟经济金融资产的价值增殖过程及相互关系

　　如前所述，经济体系可以划分为实体经济与虚拟经济两大形态，实体经济与虚拟经济是资金的需求方，也是金融资产的发行方。市场上资金富裕者通过购买由实体经济与虚拟经济体发行的融资工具，由此获得自己所拥有并按照预期收益率带来收益的金融资产，同时支付了相应的资金，这个过程满足了双方投融资的需求。根据前面的界定，本书将流入实体经济的资金对应的金融资产称之为实体经济金融资产，将流入虚拟经济的资金对应的金融资产称之为虚拟经济金融资产，而实体经济金融资产与虚拟经济金融资产的结构关系构成金融资产发行结构。为了研究金融资产发行结构的变动与经济波动的关系，需要对实体经济金融资产与虚拟经济金融资产在参与实体经济与虚拟经济价值增殖过程的不同进行分析，对两种金融资产如何从经济体中获取收益以及两者参与到实体经济与虚拟经济中的内在动力是什么、两者之间的相互关系是什么进行剖析，以便准确认识两者的特点，为进一步分析金融资产发行结构与经济波动关系奠定基础。

4.2.1 实体经济金融资产的价值增殖过程

　　实体经济是国民经济的基础，也是社会财富的创造源泉。社会财富的创造和增长是社会福利增进的前提，是一个国家和地区经济社会发展和人民福祉提升的物质基础。马克思认为，商品的价值是由劳动创造的，其量是通过蕴含其中的无差别的一般人类劳动的量来体现和计量的，而商品的使用价值则是由劳动、劳动对象和劳动资料共同创造的，而且商品的使用价值构成了社会财富。商品的生产过程，也即商品形态的形成过程是劳动过程和价值增殖过程的统一，也是使用价值的创造过程。而对于商品生产过程中不同的要素的作用阶段以及传递过程，马克思用资本循环公式进行了阐释：

$$G - W \begin{cases} P_m \\ A \end{cases} \cdots P \cdots W' - G' \qquad (4-1)$$

其中，G、G'为度量不同阶段商品价值的货币量；W 为生产者以货币形态购买的用于物质生产的生产要素，其中包括用于生产的生产资料 P_m 和生产过程中必须使用的劳动力 A；P 为生产过程；W′为将生产资料以及劳动力按照一定的比例组合在一起，经过科学的组织过程所生产出来的不同于原有投入到生产中的生产资料的新商品；G′为企业将新生产出来的商品 W′在市场上进行售卖，实现了马克思所谓的"惊险的跳跃"以后所实现的货币量。如果用 ΔG 反映价值的增殖的量，则 $\Delta G = G' - G$、$G = c + v$、$G' = c + v + m$，c 为企业购买生产资料 P_m 所支付的费用，v 为企业支付劳动 A 的工资，m 为劳动力所创造出来的价值增殖部分，也即马克思所谓的剩余价值。

马克思的资本循环公式仅揭示了实体经济实现过程的三个阶段，即购买、生产和销售。而在现代经济条件下，筹集资金也是实体经济生产过程的一个必备前提，企业对这种能够撬动生产资料的重要生产要素的占有以及占有的多寡直接影响到企业的兴衰以及实体经济的生产能力。因此，企业在内源性融资不足的情况下必须通过金融市场获取外源性融资。G_n 表示内源性融资，G_w 表示外源性融资，则实体经济的生产过程可以进一步描述为：

$$\left.\begin{array}{l} G_n \\ G_w \end{array}\right\} G - G - W \left\{\begin{array}{l} P_m \\ A \end{array}\right. \cdots P \cdots W' - G' \tag{4-2}$$

这样，整个生产过程即分解为筹资、购买、生产和销售四个阶段（黄华一，2012）。这四个阶段相互联系、不可分离。

一是筹资阶段。筹资阶段是企业获取 G 量资金的过程。企业的筹资主要来源于两个方面：一方面是来源于企业的自有资金，如企业的资本公积金、未分配利润等，即所谓的内源性融资；另一方面是通过金融市场获取资金，如通过向银行申请贷款，向资金富裕者发行股票、债券等获取资金，即所谓的外源性融资。在外源性融资过程中，企业通过贷款、股票、债券这样的融资工具从金融市场获取所需的等量资金，而获取的贷款以及发行的股票、债券等就成为银行或者市场投资者的金融资产，资金作为这些金融资产的等价物流入到生产环节。这是代表金融资产的资金参与实体经济流转的起点。

二是购买生产要素阶段，即从 G 到 W 的阶段。从企业的角度来看，这个过程是企业利用货币资本购置生产要素 W 的过程，其实质是资本形态的转化，是由货币资本转换为产业资本的过程。而从生产要素的角度来看，这个过程则是生产要素获得报酬的过程（虽然工人工资并不一定在每个生产过程之初即获得支付，但按此分析并不影响结果），货币资本 G 此时被物化的生产资料 P_m 和劳动力 A 以报酬的形式分割。从资金的角度来看，这个流动的资源已经从企业流进了生产资料的供应商以及产业工人口袋，资金在这个过程中所能发挥的作用已经完成。而这仅仅是资金这个交易媒介的作用走到了终点，资金的"形"流出了生产环节，但以资金为媒介支付的活劳动以及物化劳动才进入生产环节，金融资产获取未来收益的生产过程才刚刚开始。

三是生产阶段，即从 W 到 W′ 的阶段。这个阶段按照生产资料与劳动力的最优结构组织开始生产并形成新的产品。这个过程对于金融资产而言是相对孤立的，在此刻，金融资产进入了获利前的"黑障区"，企业的生产过程不为掌握金融资产的资产所有者控制，资产所有者在这个阶段无法准确判定企业是否按照起初约定的生产过程、生产标准以及商定的生产领域组织生产。如果这个过程企业能够按照合约约定生产特定的商品以及特定量的商品，则资产所有者不能按预期获取收益的风险较小；而相反，如果企业在这个阶段因为实际拥有资金而无视相互之间的合约约定，私自将资金调整到风险较高（相应收益也较高）的行业或者产品中，如将用于生产电动汽车的资金用于了房地产开发，甚至将资金用于了股票投资，则资产所有者不能按预期获取收益的风险增大。所以，"黑障区"的存在是资金所有者愿意将空闲资金流转给企业进行生产的障碍之一。

四是售卖阶段，即从 W′ 到 G′ 的过程。这个阶段以等价交换为原则，是新商品价值实现的过程，也是资本形态由商品资本回归货币资本的过程。同时，这个阶段终了，金融资产持有者凭借持有的金融资产从实体经济中获得相应的收益，金融资产的使命得以完成。但产品从生产到销售需要一个时间段，不是每一个产品都能够很快实现上市销售，这个"时滞期"的存在，就为企业生产的商品是否能够在市场中实现完美的"惊险的跳跃"增加了不确定性。能够顺利实现商品销售，则金融资产也相应地能够按照合约约定获取一定量的收益，实现价值增殖，而如果生产的产品已经落后于市场需求，或者市场中生产出了更好的产品满足了生产需求，将出现产品滞销或者完全无市场的情况，则金融资产的收益将受到限制或者影响。这也构成资金所有者购买这种资产的另一个后顾之忧。

金融资产在实体经济中实现的获利过程也可以表达为：

$$\left.\begin{array}{l}G_n\\G_w\end{array}\right\}G-W\left\{\begin{array}{l}P_m\\A\end{array}\cdots P\cdots W'-G'\right.\left\{\begin{array}{l}G_n'=G_n+\Delta G_n\\G''\\G_w'=G_w+\Delta G_w\end{array}\right. \qquad (4-3)$$

其中，G_n 是内源性融资，G_w 是外源性融资，ΔG_n 是内源性融资 G_n 实现的价值增殖，ΔG_w 是外源性融资 G_w 实现的价值增殖，G'' 是企业扣除了外源性融资和内源性融资应支付的报酬之后的剩余，即生产中扣除成本以后的收益。如果是简单再生产，则 $G''=0$，即生产中所形成的利润全部用来补偿了成本。对于金融资产而言，能否最终取得 ΔG_w 的收益取决于企业的遵守约定的诚信程度以及产品对市场需求的适应性。所以，对于资金富裕者来说，是否愿意购买这类金融资产，即资金是否愿意流入实体经济的关键在于企业能否采取有效的措施消减"黑障区"和"时滞期"给投资者带来损失的可能性。而"黑障区"的黑障程度以及和"时滞期"的时滞长短也就成为资金供给者提出议价的原因。当然，而如果有一个第三者能够为资金投资者提供一定的保障，则资金出让者愿意将既定收益的一部分让渡出去，以化解因为无法准确获取信息而影响资金的正常使用，这个第三者可以是金融市场中的银行。从这个角度也就解释了资金投资者通过企业直接融资的方式投放资金所能得到的收益要大于将资金交付给银行而由银行再行投放所能获取的收益的原因。

所以，影响实体经济金融资产的量的因素主要在于企业的生产过程和产品的销售过程，归根结底，在于企业的诚信以及产品的市场前景和未来市场占有力。企业诚信度高，能够按照合约约定使用资金，完成既定的生产任务，则资金愿意进入并从中获取收益；而企业的诚信度不高，则可能存在滥用资金，不将募集的资金用于生产或者不全部用于生产，会对资产的兑付造成潜在的风险。对于诚信度高的企业，其发行的融资工具能够很快被市场所抢购，即体现为对应于该企业的金融资产的量就大；而相反，如果企业的诚信度不高，则其发行的融资工具不被市场所认可，资金避之不及，相应的金融资产的量就小。而产品具有宽广的市场空间和发展前景，则生产的产品能够在市场中实现"惊险的跳跃"，企业的投资回馈有望，则资金愿意进入，即愿意购买由该企业发行的融资工具，否则，流入该企业的资金量下降，也即购买该企业发行的融资工具量下降。

4.2.2 虚拟经济金融资产的价值增殖过程

虚拟经济是相对应实体经济而言的，根据马克思关于虚拟资本的论述以及成思危关于虚拟经济的界定，虚拟经济金融资产的流转可以用如下公式表示：

$$G - g - G' \tag{4-4}$$

金融资产的投资者用 G 量的资金通过市场购买 g 量的金融资产，待时机成熟以后，又作价为 G′ 在市场卖出，以获取 $\Delta G = G' - G$ 投资收益的过程。马克思将这种金融资产定义为虚拟资本，即能够为持有者带来预期的收益、以有价证券形式存在的资本形态。这种虚拟资本兼具资本和商品的双重属性，一方面，它作为资本，能够为其持有者带来收益；另一方面，它作为商品，能够在金融市场中进行买卖，并具备为所有者带来收益的使用价值。

与实体经济金融资产价值增殖不同，虚拟经济金融资产在虚拟经济中的价值增殖存在如下几方面的特点。

第一，虚拟经济金融资产的价值增殖过程明显短于实体经济金融资产。从实体经济金融资产价值增殖过程来看，资金进入实体经济到最终获取收益，必须经过生产、销售这两个环节。虽然，不同的产品，其生产与销售的时间长短不同，但作为实体经济金融资产而言，都必须经过一定的时间的等待期，才最终确定收益，这个过程不以资产投资者的意志为转移，而是由商品生产的周期自然决定的。而虚拟经济金融资产则不同，其在场的时间相对比较灵活，时间比较短，资金进入市场后也可以作为资金随时出场。作为资产投资者而言，可以随时获利出局或者止损离场，资产投资者的自主权明显大于实体经济金融资产投资者的自主权。这种相对较短的流转过程为投资者能够获取收益或者说减少损失提供了较便捷的通道，相对于实体经济金融资产需要一个必须的等待期而可能造成投资无法回收而言，虚拟经济金融资产成为资金向往的获利渠道。

第二，虚拟经济金融资产的价值增殖过程相对透明。在分析实体经济金融资产价值增殖过程中曾经提到，实体经济金融资产的价值增殖过程会经历"黑障区"以及"时滞期"，这两个不确定性的存在，是实体经济金融资产投资者投资实体经济金融资产的顾虑所在，影响了实体经济金融资产投资的积极性。而虚拟经济金融资产的价值增殖则相对比较透明：一方面，金融资产交易的价格是公开议价的结果，是市场形成的公允价格，而且不同的金融资产的价格可以通过交易平台随时获取，节约了投资者投资成本；另一方面，虚拟经济金融资产的市场信息相对充足。相对于实体经济金融资产投资存在资产发行方刻意伪造、隐瞒信息而言，虚拟经济金融资产因为受到严格的监管，信息披露比较充分，资产投资者能够根据市场上的公开渠道掌握资产的内在价值，估计资产价值的发展变化方向，能够及时对金融资产进行增持或者抛售，以实现收益最大化。

第三，实体经济金融资产与虚拟经济金融资产定价方法不同导致虚拟经济金融资产的波动性较大。实体经济金融资产的定价方式是成本加成定价法，从资产发行方来看，利用募集的资金开展生产所获得产品收益的分成，从资金供给者来看，则就是覆盖实体经济特定的"黑障区"和"时滞期"可能对金融资产所有者造成的损失。所以，从资产发行方来看，是其生产产品的成本的一部分，而从资金供给者来看，则是其供给资金的成本。而对虚拟经济金融资产而言，其定价方式则为资本化定价方式，定价的基础源于投资者对购买的该项金融资产未来收益的预期，预期收益高，则投资者愿意支付较高的价格购买这种资产，而预期收益低的资产，投资者愿意支付的价格较低甚至避而远之。虚拟经济金融资产特殊的定价方法决定了虚拟经济金融资产价格具有较大的波动性及敏感性。

一是虚拟经济金融资产价格的波动性较大。由于虚拟经济金融资产的定价标准源于投资人的主观决定，而每个投资者认知局限性的存在，会导致其一定程度上的情绪化和有限理性。同时，虚拟经济金融资产的成交量和成交价格是所有投资者投资结果的加总，千千万万个投资者，其风险爱好和认知水平的千差万别导致了金融资产的定价也就出现了千差万别，在金融资产定价过程中，凯恩斯所谓的"选美博弈模型"[1] 会使投资者产生从众心理和恐慌情绪，市场高涨时在羊群效应下的追涨和市场下降中的杀跌

---

[1] 凯恩斯在他的《就业、利息和货币通论》中指出："报刊举行的选美比赛和专业投资有类似之处，在报刊上刊登 100 个相片，让参赛者挑选出前 6 位最美的人，如果参赛规程为，每个参赛者所选出的 6 位最美的人同所有参赛人的平均爱好相类似的选择结果的中奖率最大，则所有的参赛者均不会选择自认为最美的 6 位，而是选取他人认为最美的 6 位。即开动脑筋，推断普通人觉得最美的人。"

造成了虚拟经济市场的高波动性。

二是虚拟经济金融资产对价格波动较为敏感。比较实体经济金融资产的价格和虚拟经济金融资产的价格后会发现，前者存在一定的粘性，而后者因为投资者思维方式而具有一定的惯性。除此之外，两者的价格调节周期也存在一定的差异。实体经济金融资产价格的调节周期受制于产品特定的存货周转期或特定的会计年度，根据市场信息和企业经营状况进行价格调整。而虚拟经济金融资产价格的调整周期在现代电子信息技术的作用下可瞬间完成。在这种对价格敏感性的作用下，市场信息的风吹草动很快会反映在金融资产的价格上，导致其波动性进一步加大。

虚拟经济金融资产的这些特性使得虚拟经济存在两个方面的特性：一方面是虚拟经济具有较高的波动性，市场对虚拟经济金融资产预期价格的调整容易形成一致性行动，导致虚拟经济出现宽幅震荡；另一方面，虚拟经济金融资产具有相对的透明性，持有虚拟经济金融资产的投资者对资产的获利及止损具有相对实体经济金融资产较高的自主权，资金更趋向于持有虚拟经济金融资产，因此，虚拟经济具有天然的扩张欲望。

4.2.3 实体经济金融资产与虚拟经济金融资产的关系

虽然说虚拟经济金融资产是独立于实体经济金融资本而存在的资产形态，但其本身依然不可脱离地关联着实体经济的量的变化，实体经济的量构成了虚拟经济收益的来源（黄华一，2012）。一方面，实体经济是社会财富的创造源泉，实体经济发展不仅使得物质财富增长，满足了不同的物质需要，同时也增加了居民所持有的货币量，扩大了全社会的富余资金的量，这也为虚拟经济金融资产的扩张奠定了基础；另一方面，虚拟经济不是无根之木、无源之水，社会资金对虚拟经济的热情来源于与虚拟经济相连接的实体经济的发展前景和市场占有力。以股票为例，二级市场上对某一种股票的追逐取决于该股票的发行企业的经济实力和发展前景；市场前景好，则必然受到资金的追捧；市场前景差，则必然受到资金的抛弃。同时，虚拟经济金融资产也影响着实体经济金融资产的发展，是实体经济金融资产顺利获取收益的前提。以引发美国次贷危机的合成式债务抵押债券（CDOs）和 CDSS 为例，这些金融产品经过多手交易以及被包装以后，最后一手交易者已无法准确获知所交易的底层资产的现金流大小，而且经过多手交易后，虚拟资产反映的真实的经济活动也不一定为交易者所熟悉，因此，就必须借助于第三方的评估。而如果第三方的评估不准确或者其有意歪曲，必将导致经过若干手交易以后，最后一手的支付的资金的量远远大于虚拟资本本身的收益，导致虚拟经济金融资产泡沫的形成。而随着泡沫的集聚，金融风险加大，一方面会使资产投资者的投资态度更加审慎，如银行可能会限制信贷准入，进而在市场中形成金融摩擦；另一方面，市场的风吹草动容易引起资产投资者的恐慌甚至导致其集中抛售，进而危及经济体的稳健性，对实体经济发展形成冲击。所以，相对于实体经济金融资产的扩张助推实体经济的发展，虚拟经济金融资产的扩张可能会造成虚拟经济金融资产出现体外循环，加大了金融风险，影响了经济的稳健运行，进而对实体经济金融资产的收益形成挤压。

4.3　不同条件下金融资产发行结构与经济波动关系研究

前面对实体经济金融资产和虚拟经济金融资产进行了单独分析，这种分析是从严格区分金融资产用途的角度实现的。但是，金融资产不是生来就有的，两种金融资产也不是天生就相互分离的。无论从居民还是从投资者的角度出发，金融资产的多寡反映的是获得或者占有的金融财富的多寡，而金融财富是社会财富的重要组成部分，全社会财富的总和反映的是整个社会的财富量，这些财富量都源于经济的发展和进步，也来源于实体经济的发展进步和实体经济创造财富的能力。本部分将实体经济与虚拟经济纳入同一个研究框架，从更高的视角去观察资金流入实体经济和虚拟经济后形成实体经济金融资产和虚拟经济金融资产，以此来分析两者之间的相互依存关系，并在此基础上推演金融资产发行结构与经济波动的关系。

4.3.1　封闭条件下金融资产发行结构与经济波动的关系

本部分所界定的封闭环境是指资金仅来源于初始投资资金以及投资收益，没有外部资金的介入，投资者在投资过程中也不存在消费行为。为了方便分析，假设在整个研究初期有一笔资金 G_0 用于投资，而且为了简化分析，假设全社会所有的投资由一个独立的资产投资人完成，金融资产被分解为实体经济金融资产和虚拟经济金融资产两大类。金融资产投资者根据市场中虚拟经济与实体经济收益差异，采取离散式投资方式，将一定量的资金按一定比例理性地投入到实体经济与虚拟经济中。同时，假设资产投资者在其将两种资产按照不同的比例组合进行投资时，追求的是风险最小化或收益最大化前提下的投资效用最大化。

按照这个假设，配置到实体经济的金融资产的量为 G_R，配置到虚拟经济的金融资产的量为 G_F。配置到实体经济的金融资产按照马克思资本循环公式进入生产领域，产品在销售以后获得总额为 G_R' 的货币资产，按照前面的分析，这些货币资产中有外源性融资及其收益 G_{R1}'、内源性融资及其收益 G_{R2}' 以及除此两者之外的生产剩余 G_R''。配置到虚拟经济的金融资产经过市场流转最终实现的价值为 G_F'。在投入的金融资产都实现了变现时，金融资产以货币资产的形式存在，假设所形成的货币资产总额为 G_1。作为资产投资人，其根据第一期投资收益情况以及自身对经济形势的判定，按照总体收益最大化或者总体风险最小化的资产投资原则进行下一次的投资。同样，以下标 R 反映投入到实体经济金融资产的量，以下标 F 反映投入到虚拟经济的量，投资者会按照第一期投资的次序开展投资，金融资产也按照既定的运作模式进入资产运用流程，经过一个周期的流转，形成了新的货币资产 G_2。投资者根据上期收益的情况以及自身掌握的经济金融信息来再次分析下一期投入到实体经济与虚拟经济体中的金融资产的分配额度，依次循环往复，从不间断，则该金融资产的流转过程可以表示为：

$$G_0 \left\{ \begin{array}{l} G_R - W \left\{ \begin{array}{l} P_m \\ A \end{array} \cdots P \cdots W' - G_R' \left\{ \begin{array}{l} G_{R1}' \\ G_R'' \\ G_{R2}' \end{array} \right. \right. \\ G_F - G_F' \end{array} \right\} G_1 \left\{ \begin{array}{l} G_{1R} \left\{ \begin{array}{l} P_m \\ A \end{array} \cdots P \cdots W' - G_{1R}' \left\{ \begin{array}{l} G_{1R1}' \\ G_{1R}'' \\ G_{1R2}' \end{array} \right. \right. \\ G_{1F} - G_{1F}' \end{array} \right\} G_2 \cdots\cdots$$

$$(4-5)$$

通过这个分析过程发现，在第一期投资结束以后，资产投资者将根据第一期投资于实体经济与虚拟经济的收益情况，以及自身掌握的经济金融知识和对下一期实体经济与虚拟的预判来配置第二期实体经济金融资产的量和虚拟经济金融资产的量。用 τ 表示金融资产发行结构，反映实体经济金融资产与虚拟经济金融资产之间的比例关系，假设第一期的金融资产结构为 τ_0，第二期的金融资产结构为 τ_1，以此类推。假如 G_1 较 G_0 增加了 ΔG_1，由于投资人以投资收益为决策基础，因此，以两种资产的投资收益率为基础研究金融资产结构 τ 的不同所带来的后果。那么，在资产投资商计划将资产投入到下一期实体经济与虚拟经济时就存在如下几种可能性。

（1）当第一期的投资中投入虚拟经济的收益率大于投入到实体经济的收益率时有：

$$\frac{G_F{}'}{G_F} > \frac{G_R{}'}{G_R} \qquad (4-6)$$

面对这种情况，理性的资产投资人在权衡了实体经济与虚拟经济收益及风险的基础上有三种进一步的投资策略：一是将投资剩余 ΔG_1 分为数量不等的两部分，即 ΔG_{11} 和 ΔG_{12}、$\Delta G_{11} > \Delta G_{12}$，用数量较大的部分配置虚拟经济金融资产，以获取更多的收益；二是将投资剩余 ΔG_1 全部配置为虚拟经济金融资产，而实体经济金融资产的配置量不变；三是不仅将投资剩余 ΔG_1 全部配置为虚拟经济金融资产，而且降低实体经济金融资产的量，用从实体经济中挤出的资金投资虚拟经济金融资产。

第一种情况中，资产投资人用相对较多的一部分资金 ΔG_{11} 配置虚拟经济金融资产，而用相对较少的一部分资金 ΔG_{12} 配置实体经济金融资产。则第二期中，配置的实体经济金融资产的量为 $G_R + \Delta G_{12}$，配置的虚拟经济金融资产的量为 $G_F + \Delta G_{11}$，则 $\tau_1 < \tau_0$，即金融资产结构下降①。由于随着金融资产结构的下降，投入到实体经济中的资金量下降，实体经济由于资金投入不足而生产规模受限，收益率萎缩，全社会的财富值增长缩减，经济基本面趋于变弱。而同时，虚拟经济金融资产的资金占有量上升，表现为单位金融资产的价格上涨，呈现出经济基本面变弱而资产价格走强的现象。由于单位虚拟经济金融资产可分配的内在价值下降而外在价值上升，将激励资产投资人在第三期中投资更多的资金到虚拟经济中。资产投资者根据资产价格上涨进而收益上升产生的预期将会影响资产的需求上升并使得价格进一步提高的观点也得到了张斌（2012）的证实。

第二种情况是资产投资人不打算调整投入实体经济金融资产的量，而仅仅是将第一期投资的投资剩余 ΔG_1 全部投入到虚拟经济中。因此，第二

---

① 本书将金融资产发行结构界定为实体经济金融资产与虚拟经济金融资产的比例关系，为了与经济波动的上升下降形成对应，本书将这种比例关系的增大表述为金融资产发行结构上升，而将比例关系的减小表述为金融资产发行结构的下降。

期中投资人的实体经济金融资产的量依然为 G_R，而虚拟经济金融资产的量为 $G_F + \Delta G_1$，则 $\tau_1 < \tau_0$，即金融资产结构下降。在这种情况下，实体经济按照原有的生产模式进行生产即为简单的再生产过程，生产的社会价值总量不变。而此时，流入虚拟经济的资金量增加，单位金融资产可以占有的资金量上升，表现为金融资产价格上涨，金融资产的价格较第一种情况更大地偏离了经济基本面，金融资产泡沫开始形成。随着投资实现为货币资产，虚拟经济金融资产的收益较上一期更高，再次提高了投资人对虚拟经济金融资产收益率的预期，投资人在下一期的资产配置中将进一步提高虚拟经济金融资产的配置量。

第三种情况是投资人认为虚拟经济金融资产的收益足够高，投资者愿意减少实体经济金融资产的配置而进一步增加虚拟经济金融资产的配置，虚拟经济金融资产挤出了实体经济金融资产，金融资产结构下降。这种挤出作用导致实体经济萎缩，实体经济生产的物质财富下降。而随着更多的资金流入虚拟经济，单位虚拟经济金融资产占有的资金上升，虚拟经济金融资产的收益率飙升。由于虚拟经济收益来源于实体经济的二次再分配，伴随着实体经济的萎缩，寄生于实体经济之上的虚拟经济的内在价值下降，因此就出现了一幅特别的景象——基于预期的虚拟经济金融资产的收益率即外在价值持续走高，而虚拟经济金融资产收益所赖以存在的内在价值却逐步走低，虚拟经济金融资产价格与基本面进一步背离，金融资产泡沫开始扩大。在这种情况下，金融资产泡沫对实体经济投资形成了"挤出效应"，使得资产从企业部门转向非企业部门。

（2）当第一期的投资中投入虚拟经济的收益率小于投入到实体经济的收益率时有：

$$\frac{{G_F}'}{G_F} < \frac{{G_R}'}{G_R} \qquad (4-7)$$

如果资产投资者继续追加在实体经济的投资量，则要么将 ΔG 部分或者全部转入实体经济，或者将 G_F 的一部分转化为实体经济投资量，即 $\tau_1 > \tau_0$，金融资产结构上升。随着金融资产结构的上升，虚拟经济的投资量不变或者减少，而实体经济的投资量上升。此时，实体经济创造的价值增量增大，寄生于实体经济的虚拟经济的内在价值增大，进而使得虚拟经济对资金的吸引力增加，虚拟经济金融资产需求量上升。即当实体经济金融资产的收益率大于虚拟经济金融资产的收益率时，在下一期的投资中，实体经济的金融资产配置量越多，市场的自我修复能力越强，拖曳实体经济金融资产配置量回归的动力就越大，此时，经济增长远离均衡状态的市场动力不足、经济波动较小，而且有趋于稳态的市场内动力。

（3）还有一种情况为，当第一期的投资中投入虚拟经济的收益率大于投入到实体经济的收益率，即式（4-6）。

资产投资者依然决定将 ΔG 乃至 G_F 的一部分转化为实体经济投资量，这样的结果必然导致实体经济扩大再生产，投资量增大，实体经济社会财富创造量增加，进而使得寄生于实体经济体上的虚拟经济内在价值增加，虚拟经济金融资产价格偏离基本面的程度下降，金融资产泡沫发挥"挤入效应"。

从上面的分析可以看出，基于实体经济与虚拟经济的内在联系以及虚拟经济的运行特征，当金融资产发行结构上升时，即实体经济金融资产的量上升表现为实体经济吸引了更多的社会资金用于物质财富的生产，实体经济的生产效能上升，全社会的物质财富增加，经济基本面趋于向好；相反，当金融资产发行结构下降时，即虚拟经济金融资产的量上升，单位虚拟经济金融资产对应的资金量上升，价格上涨，形成虚拟经济金融资产收益率上升的表象。而同时，由于实体经济金融资产量下降，投入到实体经济的资金量下降，实体经济创造的社会财富下降，虚拟经济金融资产内在价值下降。从前面的分析可以看出，由于金融市场不完全性的存在，在完全市场化的情况下，虚拟经济金融资产追逐收益的内动力不断扭曲并强化对虚拟经济金融资产收益上升的预期，虚拟经济金融资产与基本面越来越背离，金融资产的泡沫逐步扩大。

而资产泡沫对实体经济的投资有"挤出"和"挤入"两种效应[1]，当金融资产泡沫的"挤出效应"占据主导地位时，资产泡沫吸引更多的资金进入虚拟经济，从而使得投入到实体经济生产领域的资金数量下降，实体经济的生产部门萎缩，社会优质资源被错误地配置到非生产领域，从而使得实体经济生产部门因为投资不足而长期缺乏增长动力，致使经济增长偏离"黄金律"，经济波动增大；相反，当金融资产泡沫的"挤入效应"占据

---

[1]　关于资产泡沫与经济波动的关系参见王永钦等（2016）的综述。

主导地位时，资金更多地流向实体经济，金融发展对经济增长的助推作用及对经济波动的抑制作用发挥作用，经济波动下降。

4.3.2 开放条件下金融资产发行结构与经济波动的关系

前面的分析是针对封闭环境下开展的，在这种环境下，投资者的投资资金来源于其自有初始投资资金以及逐次投资收益。而在开放环境下，其他国家或者区域的投资者将会关注原本在封闭环境下进行的投资，会根据投资的收益情况选择进入或者退出，同时，投资者也会选择向外投资。在封闭环境下假设投资者不消费，而在开放环境下，投资者会将每次投资收益的一部分用于消费。在这种情况下，每次投资开始时，资金量将不限于原有投资的收益以及投资的初始资金，而是取决于不同区域内的投资收益情况。

为了方便分析，假设分析对象为 A 国，A 国与其他国家之间的投资没有壁垒，而且投资的收益情况能够在不同国家之间进行信息共享。本书界定的资产投资人是 A 国唯一的投资者，其他国家的资金进入 A 国进行投资获取收益，均由资产投资人代理投资。同时，假设投资是有黏性和成本的，不能零成本转移，而且转移的量与成本成正比。在第一期投资中，其他国家的资金处于观望状态，直至第一期投资结束以后开始后续的投资时，其他国家的资金才开始布局投资或者继续观望，而同时，本国的投资者也将决定是否将资金投入到其他国家。同时，假设本国政府从维护经济稳定的角度出发，对本国的金融市场进行监控，在需要的情况下，采取相应的金融调控措施以化解外部冲击。

4.3.2.1 假设国内投资收益大于国外投资收益

在这种情况下，国外游资选择进入 A 国市场，并会根据 A 国实体经济与虚拟经济的收益情况选择实体经济和虚拟经济同时作为投资对象，也可以选择其中之一作为投资对象。随着国外游资的进入，投入到实体经济与虚拟经济的资金量发生了变化，金融资产发行结构可能上升，也可能下降。

（1）当第一期的投资中虚拟经济金融资产的收益率大于实体经济金融资产的收益率时如式（4-6）所示。按照封闭环境下的投资策略，投资人会选择将投资剩余的一部分或者全部乃至挤压实体经济投资部分以提高投资收益。

第一种情况，假设此时外部有 F 量的游资流入 A 国并分为不等的 F_1 和

F_2 两部分，同时，根据 A 国投资人既定的投资策略，按照相应的比例将其投入到实体经济与虚拟经济中。假设资金量较大的 F_1 投资到虚拟经济，资金量较小的 F_2 投资到实体经济。这时，金融资产发行结构与封闭状态不同的是，实体经济金融资产与虚拟经济金融资产的量都上升了，只不过，虚拟经济金融资产增长的量大于实体经济金融资产的量，且单位虚拟经济金融资产的价格上升。随着虚拟经济金融资产的价格上升，投资虚拟经济金融资产收益扩大的预期将进一步引导资金流入虚拟经济，虚拟经济金融资产价格与经济基本面逐步脱离，虚拟经济资产泡沫形成。资产泡沫的"挤出效应"使得实体经济的投资进一步下降，风险逐步形成并扩大。在有外部资金介入的情况下，金融资产泡沫形成得更快，对经济的稳定性造成了影响。根据前面的假设，政府作为守夜人，此时可以通过提高虚拟经济投资成本、增加实体经济投资等措施消减资产泡沫对经济稳定性造成的危害，使经济风险降低。

第二种情况，作为外部资金的代理者，资产投资人代理投资的收益来源于代理投资收益的量，投资人基于收益最大化的原则将外部资金 F 全部投入到虚拟经济中去以获取更多的收益。在这种情况下，虚拟经济金融资产的量迅速扩张而实体经济金融资产的量下降，虚拟经济对实体经济造成了挤压，使得原本投资于实体经济的资金转而投入虚拟经济，资产泡沫的"挤出效应"发挥作用，金融风险迅速扩大并形成。这时，如果没有政府的干预，则外部资金的介入将直接推动 A 国经济震荡，即实体经济急剧衰退而虚拟经济迅速膨胀，实体经济与虚拟经济之间的均衡关系被打破，实体经济对虚拟经济的支撑效应消失，金融风险即将来临。在有政府宏观调控的情况下，为了维护经济发展的稳定，在外部资金流入虚拟经济导致虚拟经济金融资产量快速膨胀的同时，政府可以采取措施，如降低实体经济投资门槛、利用财政资金进行实体经济投资等策略，提高实体经济金融资产的量，最终，实体经济金融资产与虚拟经济金融资产的量同时增大，如果实体经济金融资产的量大于了虚拟经济金融资产的量，将导致金融资产发行结构上升，实体经济基本面向好，虚拟经济金融资产的价格与基本面之间的差距减小，资产泡沫得以消除，相应的经济波动下降。

（2）当第一期的投资中投入虚拟经济的收益率小于投入到实体经济的收益率时如式（4-7）所示。在封闭环境下，投资者会将更多的资金投入到实体经济而将相对较小的部分投资到虚拟经济，形成新的投资均衡。而当有外部资金介入时，同样有两种投资情况。

第一种情况，投资者按照封闭状态下的投资策略将外部介入的资金分为两部分投入到实体经济与虚拟经济两种情况。这种情况下，投入到实体经济的资金量与投入到虚拟经济的资金量可能都上升。实体经济资金量的充裕使得实体经济发展的动能增大以及为经济社会创造的物质财富增加，其中创造的货币财富也同时增加。而在虚拟经济领域，由于投入到虚拟经济的资金量的上升，单位虚拟经济金融资产的价格上升，虚拟经济呈现出向好的态势，即随着外部资金的介入，实体经济与虚拟经济均得到了较好的发展。但因为注入实体经济的资金与注入虚拟经济的资金结构超过了实体经济与虚拟经济均衡时的结构关系，使得实体经济发展较虚拟经济发展要快，经济的基本面向好，经济整体呈现发展态势，而金融资产的泡沫减少，经济波动下降。

第二种情况，资产投资人将外部资金全部投入到实体经济中以获取更高的收益。在这种情况下，实体经济快速发展，生产更多的物质财富，单位虚拟经济金融资产的市净率下降，经济的总体波动下降。这将导致短期内虚拟经济投资量扩大，虚拟经济迅速发展，实体经济与虚拟经济的结构快速回归均衡状态。

4.3.2.2 当国外投资收益大于国内投资收益

在这种情况下，原有的在 A 国内投资的国际游资将选择退出，同时，资产投资人将选择将一部分资金投入到国外。这样必将造成在下一期的投资中实体经济金融资产的量与虚拟经济金融资产的量同时下降，实体经济与虚拟经济同时萎缩。假设资金撤退前，金融资产结构为 τ_1，而游资撤退以及国内资金向外投资以后，国内的金融资产结构为 τ_2。如果 $\tau_2 > \tau_1$，即资金虽然流出了国内，造成了国内投资量的总体下降，但在国内新形成的投资格局中，金融资产结构处于上升状态。在这种情况下，虽然因为实体经济中资金的撤退使得实体经济萎缩，但在新一轮的投资中，由于实体经济的投资大于虚拟经济的投资量，实体经济生产的社会财富能够支撑虚拟经济的发展，推动经济发展逐步回归均衡，经济波动相对趋于平缓。如果在这个阶段政府能够审时度势，采取宏观调控措施：一方面降低虚拟经济投资门槛，增加虚拟经济投资者的投资收益；另一方面，降低实体经济投资门槛及投资成本乃至财政资金，直接参与实体经济投资，提高实体经济投资收益，引导资金回归实体经济。这种宏观调控措施可以有效防范因为资金的流出导致的经济增长断层，防止经济出现大的波动。

而当新的投资结构中 $\tau_2 < \tau_1$，即投入到虚拟经济的金融资产的量大于投入到实体经济金融资产的量，而且这种关系打破了均衡状态下金融资产发行结构的关系。在这种情况下，A 国不仅承受资金外逃的压力，同时，国内现有的资产布局趋向投资虚拟经济，进一步削弱了实体经济的发展动能，实体经济进一步萎缩，经济发展不仅出现断崖式下跌，而且更加趋于下行，经济波动加大。

从上面的分析可以得出，在开放的经济条件下，由于有外部资金的介入，本国的金融资产不再表现为实体经济金融资产上升而虚拟经济金融资产下降的情况，可能出现两者同时上升或者两者同时下降的情况，如果单纯从实体经济金融资产与虚拟经济金融资产的角度分析经济波动，则与在封闭情况下的分析相冲突。而利用金融资产发行结构作为分析视角，则不影响分析结论。同时，政府与外部资金的共同作用使得经济剧烈波动或者形成经济增长断层的概率相对较小，而经济波动的观察视角完全可以通过突破了实体经济和虚拟经济均衡结构相对应的金融资产结构情况来观察经济波动，是在多方参与的市场中一个较为直接的观察窗口。

从上述对封闭条件下金融资产发行结构与经济波动的关系及开放条件下金融资产发行结构与经济波动的关系研究可以得到如下的结论，即随着金融资产发行结构上升，实体经济创造的物质财富增加，经济基本面向好，虚拟经济金融资产泡沫缩小，资产泡沫的"挤入效应"开始占据主导地位，经济增长愈接近"黄金律"，则经济波动下降。而金融资产发行结构下降，实体经济创造的物质财富变少，经济基本面变差，虚拟经济金融资产泡沫增加，资产泡沫的"挤出效应"开始占据主导地位，经济增长愈偏离"黄金律"，则经济波动上升。所以，总体而言，金融资产发行结构与经济波动呈负相关关系。

4.4 实体经济金融资产、虚拟经济金融资产与经济增长的稳态分析

在金融资产发行结构与经济波动的关系分析中隐含着将金融资产发行结构的上升与下降与实体经济与虚拟经济均衡状态下的金融资产发行结构相比较，如果金融资产发行结构突破了这个均衡状态的金融资产发行结构，

将可能产生相应的变化，出现金融资产发行结构对经济波动的影响，此时，通过金融资产发行结构的变化来经济波动。但这种隐含的、均衡的金融资产发行结构是否存在呢？两者的均衡状态在什么样的情况下，或者说实体经济金融资产与虚拟经济金融资产具备了什么样的条件下，经济发展是最优的，而又在什么样的状态下经济发展会出现波动呢？本部分的目的就是解决这个问题，理论推演这种均衡状态条件，并在这种均衡状态条件下进一步分析金融资产发行结构变动与经济波动的相互关系。

4.4.1 实体经济金融资产、虚拟经济金融资产与经济增长的最优条件

根据马克思财富论，商品的使用价值构成社会财富，是社会财富的构成内容。而使用价值的形成必须有劳动力的介入，是劳动与劳动资料一道共同创造了新的使用价值，也创造了新的财富，即：

$$G - W \begin{cases} P_m \\ A \end{cases} \cdots P \cdots W' - G' \tag{4-8}$$

财富的创造过程可以通过马克思资本循环公式予以展示。根据第3章的讨论，这个资本循环公式反映的是实体经济生产过程，因此，马克思所讲的财富创造过程本质上就是实体经济的生产过程，是实体经济创造了社会财富。而社会财富的增益是人类矢志不渝追逐的方向，用具体的指标反映，就是经济增长。经济增长了，可供人类消费的财富就增加；反之，社会财富的增加也就表现为经济增长。因此，实体经济作为社会财富的创造源泉，实体经济的增长也就反映了经济的增长，可以将实体经济作为经济增长的解释变量。如果用 Y 表示经济总量，用 Y_R 表示实体经济，则两者之间就可以表示为：

$$Y = G（Y_R） \tag{4-9}$$

这个函数反映了实体经济与反映社会财富的经济总量之间存在某种特定的函数关系。

而实体经济与虚拟经济作为经济体系中的两大形态相互影响、相互制约。实体经济的发展为虚拟经济的发展创造了市场需求和发展空间，而虚拟经济为实体经济的发展奠定了良好外部环境。从第3章的分析可以看出，虚拟经济的稳健性与否将影响实体经济的稳健性，如国际金融危机的爆发就对实体经济造成了严重影响。而实体经济的稳健性将通过式（4-1）影

响到经济总量。实体经济与虚拟经济之间只有符合了某种协调关系，才能够使得实体经济与虚拟经济共同繁荣、互相促进。如果用 Y_F 表示虚拟经济，用函数 K 反映实体经济与虚拟经济之间的协调关系，则实体经济服从于：

$$Y_R \sim K\ (Y_R,\ Y_F) \tag{4-10a}$$

根据对实体经济和虚拟经济的讨论，实体经济与虚拟经济之间存在的这种协调关系不可能是一次性关系，所以可以从式（4-10a）中将实体经济与虚拟经济的关系进一步表示为：

$$Y_R = K'\ (Y_R,\ Y_F) \tag{4-10b}$$

则经济总量与实体经济和虚拟经济之间的关系可以表示为：

$$\begin{cases} Y = G\ (Y_R) \\ \text{s. t.} \quad Y_R = K'\ (Y_R,\ Y_F) \end{cases} \tag{4-11}$$

在其他因素不变的情况下，实体经济的发展与虚拟经济的发展依赖于投入其中的资金量，以 R 代表流入到实体经济的资金量，反映实体经济金融资产的量；以 F 表示流入到虚拟经济的资金量，反映虚拟经济金融资产的量。则实体经济 Y_R 可以表示为：

$$Y_R = L\ (R) \tag{4-12}$$

函数 L 反映的是实体经济的总量与投入实体经济资金量之间的关系。同理，用虚拟经济金融资产 Y_F 可以表示为：

$$Y_F = T\ (F) \tag{4-13}$$

函数 T 反映的是虚拟经济总量与投入到虚拟经济资金总量之间的关系。将式（4-10b）、式（4-12）、式（4-13）代入式（4-9），则式（4-9）可以进一步表述为：

$$Y = f\ (R,\ F) \tag{4-14}$$

函数 f 反映的是经济总量与投入到实体经济与虚拟经济资金量的函数。

在假定的规模经济不变的情况下，式（4-14）可以变换为：

$$Y = Rf\ \left(1,\ \frac{F}{R}\right) \tag{4-15}$$

$$\frac{Y}{R} = f\ \left(1,\ \frac{F}{R}\right) \tag{4-16}$$

令 $y = \dfrac{Y}{R}$，$\dfrac{F}{R}$ 反映的是虚拟经济金融资产与实体经济金融资产的结构关系，用 FSS 表示，则式（4-16）可以写成：

$$y = f(1, FSS) = f(FSS) \tag{4-16a}$$

对式（4-16a）两边同时取对数并对时间求导微分即得：

$$(\ln y)' = [\ln f(FSS)]' \tag{4-17}$$

然后得到：

$$\frac{\dot{y}}{y} = \frac{f(\dot{FSS}) \cdot \dot{FSS}}{f(FSS)} \tag{4-18}$$

分子分母同乘以 FSS 得到：

$$\frac{\dot{y}}{y} = \frac{f(\dot{FSS}) \cdot FSS}{f(FSS)} \cdot \frac{\dot{FSS}}{FSS} \tag{4-19}$$

又 $y = \dfrac{Y}{R}$，对此式两边取自然对数并对时间求导可得：

$$\frac{\dot{y}}{y} = \frac{\dot{Y}}{Y} - \frac{\dot{R}}{R} \tag{4-20}$$

又 $FSS = \dfrac{F}{R}$，对此式两边取自然对数并对时间求导可得：

$$\frac{\dot{FSS}}{FSS} = \frac{\dot{F}}{F} - \frac{\dot{R}}{R} \tag{4-21}$$

将式（4-20）、式（4-21）同时代入式（4-19）得到：

$$\frac{\dot{Y}}{Y} - \frac{\dot{R}}{R} = \frac{f(\dot{FSS})}{f(FSS)}\dot{FSS} \tag{4-22}$$

则可得到：

$$\dot{FSS} = \frac{\dfrac{\dot{Y}}{Y}}{\dfrac{f(\dot{FSS})}{f(FSS)}} - \frac{\dfrac{\dot{R}}{R}}{\dfrac{f(\dot{FSS})}{f(FSS)}} \tag{4-23}$$

而当 $\dot{FSS} = 0$ 时，金融资产结构最优，其条件为经济增长率等于实体经济金融资产增长率。即为：

$$\frac{\dot{Y}}{Y} = \frac{\dot{R}}{R} \tag{4-24}$$

同理，如果将式（4-15）变化为：

$$Y = Ff\left(1, \frac{R}{F}\right) \tag{4-15b}$$

则式（4 - 23）变化为：

$$FSS = \frac{\dfrac{\dot{Y}}{Y}}{\dfrac{f(\dot{FSS})}{f(FSS)}} - \frac{\dfrac{\dot{F}}{F}}{\dfrac{f(\dot{FSS})}{f(FSS)}} \qquad (4 - 23b)$$

即当 $\dot{FSS} = 0$ 时，金融资产发行结构达到了最优，其成立的条件是经济增长率等于虚拟经济金融资产的增长率，即：

$$\frac{\dot{Y}}{Y} = \frac{\dot{F}}{F} \qquad (4 - 25)$$

将式（4 - 24）与式（4 - 25）结合可以得出，当经济增长率与实体经济金融资产的增长率以及虚拟经济金融资产的增长率相等时，经济处于最优增长状态，在该经济体系中，资金按照实体经济和虚拟经济发展的需要，均匀地流入实体经济和虚拟经济，正好满足了实体经济与虚拟经济发展的需要，同时，经济增长也达到了最优状态。

根据第 2 章对经济波动的定义，经济波动是指经济增长率偏离最优增长状况而表现出来的或高或低、忽上忽下的状态，当经济体中流入实体经济资金增长率与流入虚拟经济资金增长率相同时，经济即处于无变动状态。因此，$\dfrac{\dot{Y}}{Y} = \dfrac{\dot{R}}{R} = \dfrac{\dot{F}}{F}$ 成为判断经济增长有没有脱离最优增长率而呈现经济波动的判定要素。

4.4.2　金融资产增长率偏离最优的经济分析

$\dfrac{\dot{Y}}{Y} = \dfrac{\dot{R}}{R} = \dfrac{\dot{F}}{F}$ 给出了经济增长率与实体经济金融资产增长率、虚拟经济金融资产增长率之间的最优条件，也即经济发展的均衡状态。但经济是一个由诸多要素构成的复杂系统，经济系统中，不同要素的冲击都会对经济的均衡状态造成影响。本书主要考察金融资产发行结构的变动对经济均衡状态的冲击所形成的经济波动。在这个最优条件中，实体经济金融资产的增长率与虚拟经济金融资产的增长率相同，但现实条件中，实体经济金融资产与虚拟经济金融资产的增长率之间往往是不同步的，这种不同步将造成经济增长率的调整，因而引发了经济波动。本部分考察由于这两个要素的增长不同步所引致的经济波动情况。而由 $\dfrac{\dot{Y}}{Y} = \dfrac{\dot{R}}{R} = \dfrac{\dot{F}}{F}$ 可知，经济增长最

优的状态是 $\dfrac{\dot{R}}{\dot{F}} \cdot \dfrac{F}{R} = 1$，由于 $\dot{R}$ 与 $\dot{F}$ 均反映的是新增量，F、R 是上期量，

因此，在 $\dfrac{F}{R}$ 已知的情况下，$\dfrac{\dot{R}}{\dot{F}}$ 反映了实体经济金融资产和虚拟经济金融资

产的流量变化，也即本书定义的金融资产发行结构。两种金融资产增长率
的不同也即两种金融资产所构建的金融资产发行结构的不同。

（1）当 $\dfrac{\dot{R}}{R} > \dfrac{\dot{F}}{F}$ 即 $\dfrac{\dot{R}}{\dot{F}}$ 上升时，经济体系中实体经济金融资产的增长率大

于虚拟经济金融资产的增长率，也即金融资产结构上升，这种情况下，经
济波动将呈现不同的变化趋势。

一是当经济增长率等于实体经济金融资产增长率时，即虽然实体经济
金融资产的增长率大于虚拟经济金融资产的增长率，但在现实经济中，经
济增长率与实体经济增长率相同。在这种情况下，由于实体经济中资金流
入量充裕，实体经济能够生产更多的社会财富，以货币显示为存在的财富
增加。同时，由于实体经济的发展，寄生于实体经济体中的虚拟经济的收
益上升，单位虚拟经济金融资产对应的企业利润上升，以股票为例，当市
盈率下降时，虚拟经济金融资产对资金的吸引力增强。在市场中以货币形
式存在的财富增加以及虚拟经济金融资产市盈率下降的双重作用下，资金
将逐步流入虚拟经济，虚拟经济金融资产的增长率逐步上升。随着流入虚
拟经济金融资产量的上升，单位虚拟经济金融资产占有的资金量上升，表
现为价格上涨，在市场预期虚拟经济金融资产价格进一步上升的情况下，
虚拟经济逐步限制甚至挤出实体经济资金的流入量，造成经济增长率的下
滑，直至在经济中重新出现实体经济金融资产增长率、虚拟经济金融资产
增长率以及经济增长率相同的均衡状态。在这个过程中，随着虚拟经济金
融资产增长率的上升，实体经济金融资产的增长率相对下降，进而经济增
长率下降，经济增长率向着经济增长的均衡状态运动，即推动了经济波动
的下降。因此，实体经济金融资产增长率大于虚拟经济金融资产增长率，
也即金融资产发行结构较均衡情况高时，经济增长率回归经济均衡状态，
降低经济波动。

二是当经济增长率等于虚拟经济增长率时。在这种情况下，流入实体经济的资金量相对充裕，满足了实体经济发展所需资金量，而流入虚拟经济的资金量较少。同时，在现实经济中，经济增长率与虚拟经济金融资产增长率相同。在这种情况下，由于实体经济资金量流入充裕，实体经济从市场中获取的优质资源满足其发展的需要，实体经济创造的物质财富增加，全社会的经济增长率将相应地上升。在经济增长率上升的同时，与第一种情况相同，经济体中以货币形式存在的物质财富增加，而且单位虚拟经济金融资产的市盈率较低，将推动市场上的资金追逐虚拟经济金融资产，金融虚拟经济金融资产增长率上升，直至三者再次达到均衡状态。在这个过程中，由于实体经济金融资产增长率高于虚拟经济金融资产增长率，导致经济增长率逐步向均衡状态靠近，从而实现了降低经济波动的目的。

（2）当 $\dfrac{\dot{R}}{R} < \dfrac{\dot{F}}{F}$ 即 $\dfrac{\dot{R}}{\dot{F}}$ 下降时，经济体系中实体经济金融资产的增长率小于虚拟经济金融资产的增长率，也即金融资产发行结构下降，与第一种情况类似，由于经济增长率的不同，经济波动将呈现不同的变化趋势。

一是当经济增长率等于实体经济金融资产增长率时，实体经济金融资产的增长率小于虚拟经济金融资产增长率，即流入虚拟经济体的资金量大于实体经济，而现实经济中，经济增长率与实体经济增长率相同。在这种情况下，实体经济的生产因为资金不足受到限制，实体经济的物质财富创造能力下降，全社会的物质财富增长率下降。而与全社会物质财富增长率下降形成反差的是，虚拟经济资金的流入量充沛，虚拟经济金融资产的价格不断上升，形成了虚拟经济繁荣而实体经济衰落的局面。随着市场对虚拟经济预期的持续高涨，流入虚拟经济的资金量将进一步上升，而相应地流入实体经济的资金量将持续下降。这种情况是金融危机前的典型特征。但市场并不是完全而持续盲目的，当市场察觉到虚拟经济泡沫巨大，即将破裂时，社会中的任何事件都将刺激投资者敏感的神经，引发虚拟经济金融资产的出逃，虚拟经济独自运行构筑的海市蜃楼将轰然倒塌，资金再次选择比虚拟经济收益高的实体经济（因为实体经济长期缺乏资金支持，资金流入的边际效用较大），虚拟经济金融资产增长率下降而实体经济金融资产增长率上升，直至均衡状态的再次出现。在这个过程中，由于虚拟经济金融资产增长率的上升，经济增长率持续偏离最优增长率，经济波动加大；

而当虚拟经济形成的泡沫破灭，虚拟经济金融资产增长率下降，经济增长率才逐步上升，回归均衡状态，所以，虚拟经济金融资产增长率的上升导致了经济增长率偏离最优增长率以及经济波动加大，即金融资产结构下降、经济波动加大。

二是当经济增长率与虚拟经济金融资产增长率相同时，实体经济中的资金流入的增长率小于虚拟经济资金流入的增长率，而经济增长率却处于较高的水平。在这种情况下，流入实体经济资金量较均衡状态少，实体经济的发展受到了限制，物质财富的创造能力下降，则随着时间推移，经济增长率也会因此而下降。随着经济增长率的下降，经济中物质财富增长萎缩，购买虚拟经济金融资产的动力下降，同时，虚拟经济赖以生存的实体经济的创造能力下降，虚拟经济金融资产的市盈率上升。但由于虚拟经济金融资产受到市场预期的推动，在市场无法准确判定虚拟经济金融资产所暗含的物质财富的多少或者虚拟经济金融资产所对应的未来现金流的多寡，市场依然按照价格上涨的预期购买金融资产进行投机，就形成了类似第一类的情况，即直到虚拟经济的大厦轰然倒下时，资金才能够选择相对收益较高的实体经济进行投资，进而实现经济增长率的回归。

（3）当 $\frac{\dot{R}}{R} > \frac{\dot{Y}}{Y} > \frac{\dot{F}}{F}$，即金融资产结构上升时，随着实体经济金融资产增长率的高企，流入实体经济资金量上升，实体经济物质财富创造能力增强，全社会的经济增长率开始上升，直至与 $\frac{\dot{R}}{R} > \frac{\dot{F}}{F}$ 即 $\frac{\dot{R}}{F}$ 上升的情况相同。

而当 $\frac{\dot{R}}{R} < \frac{\dot{Y}}{Y} < \frac{\dot{F}}{F}$ 时，即金融资产结构下降，经济体中流入虚拟经济的资金量上升而流入实体经济的金融资产量下降，随着实体经济资金量的下降，最终将出现与 $\frac{\dot{R}}{R} < \frac{\dot{F}}{F}$ 即 $\frac{\dot{R}}{F}$ 下降时相同的状况，故不再赘述。

从上面的分析可以得出如下结论：一是经济发展的均衡或者说经济发展的最优状态是存在的，这种最优的状态出现于经济增长率与实体经济金融资产的增长率以及虚拟经济金融资产的增长率相等的情况下，在经济中，一旦脱离了这种最优状态，那么经济的自恢复功能或者说市场力量会使得脱离最优状态的情况得以修复或者变得更大，经济增长率逐步回归或者放大到最优状态，经济波动逐步变小或者增大。二是在经济调整的过程中，流入实体经济金融资产的增长率的调整先于经济增长率的调整。实体经济始终是物质财富的创造者，实体经济发展不仅会使得经济中以货币形式存在的物质财富量上升，而且会使得虚拟经济赖以存在的内在价值上升，其对实体经济增长和虚拟经济增长同样具有助推作用，是经济发展中的中流砥柱。因此，也可以得出实体经济是虚拟经济上升的原因。三是从分析中同时可以得到如下结论：实体经济金融资产增长率高于虚拟经济金融资产增长率，也即实体经济金融资产与虚拟经济金融资产构成的金融资产结构高于均衡状态时，则经济波动下降；而相反，当实体经济金融资产增长率小于虚拟经济金融资产增长率，也即实体经济金融资产与虚拟经济金融资产构成的金融资产结构下降，则经济波动上升。四是经济发展的最优状态是短暂的、暂时的，不是长久的、永恒的，经济体会受到来自各方面的冲击，经济发展出现了背离最优发展状态的情况，是经常存在的，是不以人的意志为转移的。经济背离了最优的发展状态，本质上就是经济波动的一种形态，虽然这种形态不一定会对经济发展造成如经济危机一样的影响，但影响本身是存在的，而且这种影响的表现就是经济波动。因此，本书认为，资金流入实体经济与流入虚拟经济的增长率不同导致金融资产发行结构不同，是引发经济波动的原因，也是反映经济波动程度的重要指标。

4.5 本章小结

本章在第3章将金融资产分解为实体经济金融资产与虚拟经济金融资产的基础上，从理论上分析了由实体经济金融资产与虚拟经济金融资产构建的金融资产发行结构与经济波动的关系，得出了金融资产发行结构与经济波动呈现负相关关系的结论。

本章首先辨析了资金、金融资产与金融工具概念之间的关系，重点分析了三者在量上的联系，将影响实体经济发展与虚拟经济发展的资金与金融资产进行有效对接。

其次，分析了实体经济金融资产与虚拟经济金融资产在实体经济与虚拟经济中的价值增殖过程，阐明了两者的特点以及市场投资者参与两种资产买卖的内在动力，揭示了虚拟经济金融资产总量扩张的原因，分析了单个金融资产量的变动与经济增长的关系。

　　第三，在此基础上，进一步将两种金融资产组合成金融资产发行结构，理论推演了封闭条件下与开放条件下金融资产发行结构与经济波动的关系，得出了金融资产发行结构与经济波动呈负相关关系的结论。

　　第四，讨论了经济均衡的条件。研究了经济均衡条件下，经济增长率、实体经济金融资产增长率、虚拟经济金融资产增长率三者之间的关系，得出了经济增长率等于实体经济金融资产增长率等于虚拟经济金融资产增长率情况下，经济均衡的结论。在这个结论的基础上，利用三者之间的关系，进一步论证了金融资产发行结构与经济波动的关系，再一次得出了第三部分的研究结论，即金融资产发行结构与经济波动呈负相关关系。

第 5 章

金融资产、金融资产发行结构与经济波动关系的统计分析

金融资产是金融交易的结果，反映了资金对市场主体发展前景的预期。而市场主体对资金吸引的能力又进一步强化了市场对主体发展前景的预期。不同的经济体之间对资金的吸引程度以及能力反映在不同主体发行的金融资产的量以及相互之间的金融资产结构上，因此，金融资产的结构关系也就反映了不同主体的发展情况。在将经济主体按照实体经济和虚拟经济进行划分的基础上，第 4 章就金融资产、金融资产发行结构与经济波动的关系进行了理论分析。从理论分析来看，金融资产结构变动与经济波动关系密切而且呈负相关关系，而同时，实体经济金融资产和虚拟经济金融资产也与经济波动存在相互关系，即实体经济金融资产增加有助于平抑经济波动，而虚拟经济金融资产增加则使得经济波动扩大。本章的目的就是在第 3 章研究的基础上从我国现有的数据中离析出实体经济金融资产和虚拟经济金融资产的量，同时计量我国经济波动以及金融资产发行结构的量，对各自的内在结构以及变化情况进行统计分析，综合反映各个变量的特征，并在此基础上对第 4 章的理论推演结论进行初步验证。

本书选取了 1993～2019 年的年度数据进行实证检验，数据来源于《中国金融年鉴》、国家统计局网站以及 Wind 数据库。以 1993 年作为本书数据的选取起点主要是基于如下几方面的考虑：一是 1992 年 10 月是我国经济发展方式发生转变的重要节点。1992 年 10 月 12～18 日，中国共产党第十四次全国代表大会胜利召开，会议总结了十一届三中全会以来 14 年的实践经验，确立了建立社会主义市场经济体制的重大战略，在党的历史上第一次明确提出了建立社会主义市场经济体制的目标模式，推动了我国经济发展方式从计划经济向市场经济的重大转变，逐步形成了以市场为主体，市场

在资源配置中的基础性作用开始显现。而发挥市场在资源配置中的基础性
作用、实现经济主体在经济中的自主交易是本书计量金融资产的基本环境。
同时，大会确定了邓小平理论为党的基本路线，奠定了党领导全国人民进
行中国特色社会主义市场经济建设改造的理论基础。为了全景式反映党的
十四大以来我国经济建设取得的成果，尤其是反映随着市场经济体制的逐
步建立，我国经济波动与金融资产发行结构变动之间的关系，本书选取了
1993 年以来的数据作为实证的数据基础。二是受制于虚拟经济金融资产数
据提取的时间限制，本书将金融资产划分为实体经济金融资产与虚拟经济
金融资产两部分，虚拟经济金融资产的交易必须在规范的证券交易所开展，
我国仅有的两家证券交易所分别于 1990 年底才相继成立并开始营业，相应
的数据统计也在此后，制约了虚拟经济金融资产数据提取的时间起点。所
以，综合两方面的因素，本书从 1993 年开始提取数据。选择 2019 年作为实
证检验的时间终点，主要是基于 2019 年末开始的新冠疫情对经济造成了重
大冲击，这种冲击造成的经济震荡是金融资产结构无法解释和预测的，因
此选取 2019 年作为研究的时间终点。

5.1 经济波动的统计分析

从现有的文献来看，对经济波动进行度量的方法有两种：一种是通过
HP 滤波法对经济增长率进行滤波处理，将经济增长的长期趋势与波动趋势
分离，以波动趋势作为经济波动的度量依据；另一种是采取滚动标准差法
计量经济波动，以各期的经济增长率偏离增长率均值的程度来衡量经济波
动，这是目前国际上研究经济波动比较通用的方法。为了确定本书后续研
究拟采用的经济波动度量方法，本部分分别利用这两种计量方法对经济波
动进行统计计量，比较两种不同的计量结果，为后续研究选择较为适合的
经济波动计量方法。

5.1.1 基于 HP 滤波法计量的经济波动

HP 滤波法是由 Hodrick 和 Prescott 于 1980 年在分析美国战后的经济景
气状况时首先提出来的，其主要思想是将一组序列视同为趋势变量和波动
变量的加总，趋势变量反映序列的长期趋势，而波动变量反映序列的波动

情况。HP 滤波法被较多地用在对一组数列的分离，以此来反映长期趋势和短期波动。对经济波动通过 HP 滤波法进行计量，就是要对反映经济增长的经济增长率进行滤波，从中分离出反映长期趋势的趋势部分和反映短期波动的波动部分，并将短期波动部分作为经济波动的度量依据。

　　本书关于 GDP 增长率的数据来源于国家统计局网站①。图 5 - 1 反映的是经过 HP 滤波分离以后的经济增长的长期趋势图和短期波动，表 5 - 1 反映的是国内生产总值增长率的原始数据以及通过 HP 滤波器分离出来的 GDP 增长长期趋势数据及短期波动数据。

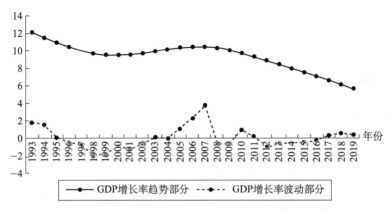

图 5 - 1　我国 1993 ~ 2019 年 GDP 增长的长期趋势及短期波动

　　从图 5 - 1 可以看出，从 1993 年开始，我国经济增长率长期趋势总体呈现下降趋势，经济增长率长期趋势由 1993 年的 12.09% 下降到 2019 年的 5.68%，下降了 6.41 个百分点。期间，2001 ~ 2007 年虽出现反弹，但随后即出现单边下行。与长期趋势相对应的是，从经济增长率中提取的波动部分则呈现宽幅震荡，最高与最低处相差 5.66 个百分点。

表 5 - 1　　　　　GDP 增长率、GDP 增长率趋势数据以及波动数据

年份	GDP 增长率	GDP 增长率趋势部分	GDP 增长率波动部分
1993	13.9	12.09	1.81
1994	13	11.51	1.49
1995	11	10.94	0.06
1996	9.9	10.43	- 0.53

　　① http：//data. stats. gov. cn/easyquery. htm？ cn = C01.

年份	GDP 增长率	GDP 增长率趋势部分	GDP 增长率波动部分
1997	9.2	10.01	−0.81
1998	7.8	9.69	−1.89
1999	7.7	9.52	−1.82
2000	8.5	9.47	−0.97
2001	8.3	9.54	−1.24
2002	9.1	9.71	−0.61
2003	10	9.93	0.07
2004	10.1	10.15	−0.05
2005	11.4	10.34	1.06
2006	12.7	10.44	2.26
2007	14.2	10.43	3.77
2008	9.7	10.29	−0.59
2009	9.4	10.05	−0.65
2010	10.6	9.72	0.88
2011	9.6	9.33	0.27
2012	7.9	8.89	−0.99
2013	7.8	8.43	−0.63
2014	7.4	7.97	−0.57
2015	7	7.50	−0.50
2016	6.8	7.05	−0.25
2017	6.9	6.59	0.31
2018	6.7	6.14	0.56
2019	6	5.68	0.32

资料来源：GDP 数据来源于国家统计局网站，GDP 增长率趋势数据、GDP 增长率波动数据通过 HP 滤波器滤波后得到。

5.1.2 基于滚动标准差法计量的经济波动

标准差法的计算方法采用的是对宏观经济增长率较增长率均值的标准差计算的，即计算在一个时间跨度内各期经济增长率偏离增长率均值的偏离程度（Aghion et al.，2006）。桑百川和黄漓江（2016）、干春晖等

（2011）采取滚动标准差法对我国的经济波动情况进行了计量。关于时间跨
度 T，安树伟等（2016）选择的是 7 年，即以 7 年为一个跨度周期来计算经
济波动情况，而干春晖等（2011）选择的是 5 年。鉴于政治周期对经济波
动的影响，本书拟采用 5 年为周期，则 5 年期中心化移动平均增长率可以表
示为：

$$\text{AVE}_i = \frac{1}{5}\sum_{t-5+1}^{t} g_i \qquad (5-1)$$

其中，AVE_i 为第 i 年的 5 年期中心化移动平均增长率，g_i 为第 i 年的国内生
产总值增长率，则对应年度的经济波动标准差 σ_i 可以表示为：

$$\sigma_i = \sqrt{\frac{1}{5-1}\sum_{t-5+1}^{t}\left(g_i - \text{AVE}_i\right)^2} \qquad (5-2)$$

在此基础上，反映经济波动程度的标准差系数 GRV_i 可以表示为：

$$\text{GRV}_i = \frac{\sigma_i}{\text{AVE}_i} \qquad (5-3)$$

表 5-2 反映了用这种计量方法所得到的宏观经济波动数据。为了与 HP
滤波法计算的经济波动相区分，本书将通过 HP 滤波法计量的宏观经济波动
定义为经济波动（滤波法），而将通过标准差系数法计量的经济波动定义为
经济波动（标准差法）。

表 5-2　　　　GDP 增长率及用标准差法计量的经济波动数据

年份	GDP 增长率（%）	中心化运动平均增长率（AVE）（%）	经济波动标准差（σ）	经济波动（GRV）
1985	13.4			
1986	8.9			
1987	11.7			
1988	11.2			
1989	4.2	9.88		
1990	3.9	7.98		
1991	9.3	8.06		
1992	14.2	8.56		
1993	13.9	9.10	5.13	0.56
1994	13	10.86	4.40	0.41

年份	GDP 增长率（%）	中心化运动平均增长率（AVE）（%）	经济波动标准差（σ）	经济波动（GRV）
1995	11	12.28	3.96	0.32
1996	9.9	12.40	4.10	0.33
1997	9.2	11.40	3.18	0.28
1998	7.8	10.18	2.40	0.24
1999	7.7	9.12	2.26	0.25
2000	8.5	8.62	2.17	0.25
2001	8.3	8.30	1.77	0.21
2002	9.1	8.28	1.45	0.17
2003	10	8.72	1.04	0.12
2004	10.1	9.20	0.89	0.10
2005	11.4	9.78	1.20	0.12
2006	12.7	10.66	1.57	0.15
2007	14.2	11.68	1.97	0.17
2008	9.7	11.62	2.10	0.18
2009	9.4	11.48	2.30	0.20
2010	10.6	11.32	2.18	0.19
2011	9.6	10.70	2.01	0.19
2012	7.9	9.44	1.74	0.18
2013	7.8	9.06	1.58	0.17
2014	7.4	8.66	1.35	0.16
2015	7	7.94	1.38	0.17
2016	6.8	7.38	1.30	0.18
2017	6.9	7.18	1.06	0.15
2018	6.7	6.96	0.86	0.12
2019	6	6.68	0.68	0.10

资料来源：GDP 增长率数据来源于国家统计局网站，其余数据为作者计算所得。

　　图 5-2 反映的是采用滚动标准差法计量的宏观经济波动情况。从趋势来看，我国经济波动总体在 2019 年前呈现下降趋势，虽然在部分年份出现了反复，但反弹力度有限，并未改变长期下降的趋势。

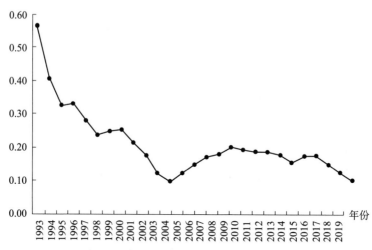

图 5 - 2　基于滚动标准差法计量的我国 1993 ~ 2019 年度经济波动情况

5.1.3　两种计量方法的比较分析

图 5 - 3 反映的是采用两种算法所得到的经济波动图，为了对两者的趋势有更清晰的认识，本书用左坐标轴反映标准差法计量的经济波动情况，用右坐标轴反映滤波法计量的经济波动情况。从图 5 - 3 中可以看出，虽然两种算法不同，但经济波动的趋势基本一致。

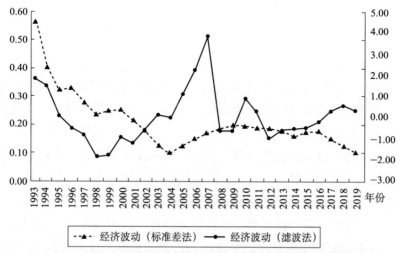

图 5 - 3　两种计算方法所得到的经济波动关系（不同坐标轴）

表 5 - 3 是两种计量方法获得的对经济波动数据的描述性统计。从描述

性统计结果来看，利用标准差法计量的经济波动标准差较小，远小于平均值，反映了通过标准差法计量的经济波动相对比较平稳。

表 5 – 3　　　　　　　　　经济波动两种计量结果的描述性统计

	样本量	平均值	标准差	最大值	最小值
经济波动（滤波法）	30	3.33×10^{-8}	1.4698	3.7692	– 3.0289
经济波动（标准差法）	30	0.227	0.1088	0.565	0.100

同时，阿吉翁等（Aghion et al., 2006）的研究认为，滤波法滤出的仅是趋势部分的波动，而未滤出波动本身所具有的波动情况，所以，这种波动计量方法被学术界所诟病，虽然目前有一些研究依然采用了这种分离波动的方法（陈乐一等，2016）。因此，阿吉翁等（2006）建议，用标准差法计量经济波动，本书采纳了这种研究结论，后续的研究采用滚动标准差法来计量经济波动。

5.2　实体经济金融资产及其与经济波动关系的统计分析

5.2.1　我国实体经济金融资产的现状

5.2.1.1　数据的提取

实体经济金融资产是本书研究的金融资产结构的重要组成部分，反映着流入实体经济资金量的大小，影响着实体经济的发展动能。根据第3章的分析，实体经济金融资产反映的是在一个时期内流入实体经济的资金所置换得来的金融工具的量，是个流量概念，对应于企业获取的贷款、一级市场的股票筹资额以及债券筹资额。其中，纳入实体经济金融资产的银行贷款量应为当年实际发放的贷款量，即新增的贷款额，本书利用年末与年初贷款余额之差，即年内贷款余额的增量作为年度内新增贷款量的替代值。纳入实体经济金融资产的股票资产的量为通过一级市场发行的股票的筹资额。在《中国金融年鉴》中，一级市场股票筹资额通过"境内筹资金额"和"境外筹资金额"两部分来反映，按照国内生产总值的统计方法，不管该企业是在国内发行股票还是在国外发行股票，其最终将资金使用在本土企业的商品生产中，所生产的产品均计入国内生产总值，因此，本书将两部分的筹资额加总作为股票市场的筹资额。纳入实体经济金融资产的债券部分即为通过一级市场发行的债券的量，可以通过《中国金融年鉴》的债券发行筹资额来反映。表 5－4 反映了我国实体经济金融资产数据。

表 5－4		实体经济金融资产数据		单位：亿元
年份	贷款	股票筹资额	债券筹资额	实体经济金融资产
1993	8905	305.86	617.15	9828.01
1994	7867	402.38	1968.93	10238.31
1995	9727.9	131.3	2580.91	12440.11
1996	10614.8	408.61	3071.54	14094.95
1997	13761.3	1247.89	4221.64	19230.83
1998	11610	825.27	5886.89	18322.16
1999	7210.2	920.74	6024.2	14155.14
2000	5636.8	2077.9	6385	14099.7
2001	12943.6	1311.14	7656	21910.74
2002	18979.23	912.33	11416.8	31308.36
2003	27702.3	1192.83	18484.9	47380.03
2004	19201.55	1298.25	29411.54	49911.34
2005	28640.7	2005.28	44129.27	74775.25
2006	31680.45	5447.06	59061.21	96188.72
2007	39227.6	8742.21	81408.84	129378.65
2008	42302.15	3623.77	73050.63	118976.55
2009	105547.92	5901.99	88867.25	200317.16
2010	75626.21	12142.91	97320.25	185089.37
2011	69639.77	7886.85	78308.71	155835.33
2012	88347.42	5540.22	79454.98	173342.62
2013	91223.1	5347.58	89202.94	185773.62
2014	99047.1	9721.85	119286.26	228055.21
2015	117145.16	11305.57	232557.99	361008.72
2016	121395.42	14510	356027	491932.42
2017	129815.13	9164	398494	537473.13
2018	160483.67	6827	430959	598269.67
2019	169491.00	6863	452073	628427.00

资料来源：2015 年以前数据来源于《中国金融年鉴》，2016 年以后数据来源于中国人民银行网站。

5.2.1.2　我国实体经济金融资产的结构特点

图 5 - 4 反映的是实体经济金融资产各量之间的关系，从图 5 - 4 中可以看出，在我国实体经济金融资产中，股票筹资额的量占比始终不高，长期处于较低水平，其在实体经济金融资产中的占比除 2000 年一度突破 10%，达到 14.74% 以外，其余年份均在 7% 以下，平均占比为 3.27%，加上 2000 年的 14.74%，从 1993 ~ 2019 年，股票筹资额在实体经济金融资产中的占比也仅为 4.09%。而同期，债券筹资额及贷款占我国实体经济金融资产的绝大部分。这两种金融资产总量占比较高的同时，两种资产在整个统计期内也呈现出此起彼伏的变化过程。从统计来看，在 1999 年之前，我国贷款是实体经济金融资产的主要部分，平均占实体经济金融资产的 72.4%，而同期债券筹资额平均占实体经济金融资产的 23.52%。但 2000 年以后，除个别年份贷款融资额短暂大于债券融资额外，其余年份债券融资额均较贷款融资额高。在剩余的 20 个年份中有 13 个年份的债券筹资额占实体经济金融资产总量的 50% 以上，甚至在 2017 年这个比例进一步上升至 74.14%。而同期，贷款占全部实体经济金融资产的比例普遍处于 50% 以下。所以，总体而言，我国实体经济金融资产中债券筹资额正逐步成为实体经济金融资产的主体部分，而贷款在实体经济金融资产中的占比则逐年下降，股票筹资额在实体经济金融资产中的占比始终处于低位，股票作为有别于债券的另一种重要的直接融资渠道，发展明显不足。这也是 2023 年中央金融工作会议提出"优化融资结构，更好发挥金融市场功能"[①] 的原因所在。

图 5 - 5 反映了实体经济金融资产及各组成部分变化率情况。从趋势上看，我国实体经济金融资产中股票筹资额的变动幅度最大，其次为贷款，最后为债券。在股票市场融资额占比较低的情况下，股票筹资额随时间推移的变动幅度却比较大，说明股票市场存在较大的不稳定性。而债券作为重要的实体经济金融资产来源却表现得相对平稳，并且由于受到债券占比较重的影响，实体经济金融资产的波动率基本与债券的波动率基本一致。

5.2.2　实体经济金融资产与经济波动的关系

实体经济金融资产的量反映的是流入实体经济资金的量。随着流入实

[①]　中央金融工作会议在北京举行 [N].人民日报，2023 - 11 - 01（1）.

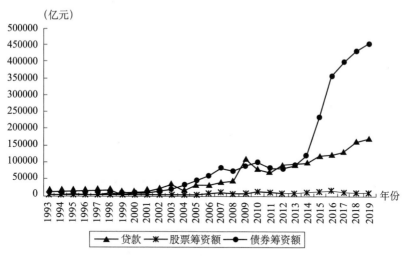

图 5 - 4 实体经济金融资产中各个量的变化情况

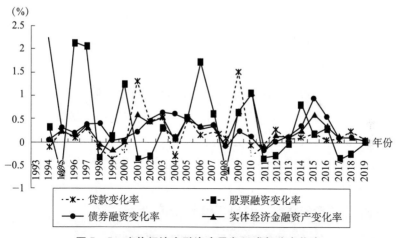

图 5 - 5 实体经济金融资产及各组成部分变化率

体经济中资金流量的增加或减少，实体经济撬动并利用社会中优质资源的能力上升或者下降，相应地，实体经济增长率呈现加速上涨态势或者呈现增长率上升速度回落甚至出现下降态势。所以，实体经济金融资产的量既反映了资金进入实体经济的动力，也反映了实体经济获取社会支持的能力。图 5 - 6 反映的是实体经济金融资产与 GDP 的关系，从图 5 - 6 中可以看出，两者处于同步上升态势，表现出较为一致的变化趋势。

实体经济金融资产不仅与 GDP 存在同方向变化的关系，而且从第 4 章

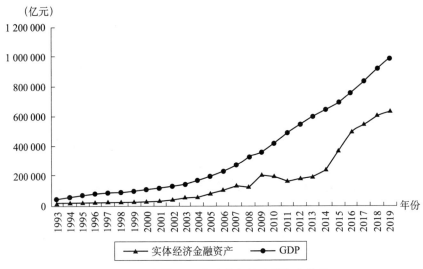

图 5 - 6　我国 GDP 与实体经济金融资产关系

的理论推演来看，实体经济金融资产与经济波动呈负相关关系，即随着实体经济金融资产增加，经济波动下降，而随着实体经济金融资产减少，经济波动上升。本部分利用我国相关经济数据对这种关系通过统计角度进行初步的统计检验。为了实现实体经济金融资产的相对收敛，本书按照惯例对实体经济金融资产取自然对数，用 EA 表示实体经济金融资产，用 LNEA 表示实体经济金融资产的对数值，表 5 - 5 反映了实体经济金融资产与经济波动数据。从理论推演来看，实体经济金融资产作用于经济波动机制源于实体经济金融资产的变动，本书用一阶差分反映变动情况，用 ΔLNEA 反映实体经济金融资产的波动，用 EF 表示经济波动。

表 5 - 5　　　　　　　　　　实体经济金融资产与经济波动数据　　　　　　　单位：亿元

年份	实体经济金融资产（ST）	LNST	ΔLNST	经济波动（EF）
1993	9828. 01	9. 192992		0. 564785
1994	10238. 31	9. 233892	0. 0409	0. 405463
1995	12440. 11	9. 428681	0. 194789	0. 322628
1996	14094. 95	9. 553572	0. 124891	0. 330838
1997	19230. 83	9. 86427	0. 310698	0. 277847
1998	18322. 16	9. 815867	- 0. 048403	0. 234916

年份	实体经济金融资产（ST）	LNST	ΔLNST	经济波动（EF）
1999	14155.14	9.557833	−0.258033	0.246996
2000	14099.7	9.553909	−0.003924	0.249626
2001	21910.74	9.994732	0.440823	0.212187
2002	31308.36	10.35164	0.356908	0.174919
2003	47380.03	10.76596	0.414316	0.121931
2004	49911.34	10.818	0.052047	0.097126
2005	74775.25	11.22224	0.404239	0.122071
2006	96188.72	11.47407	0.251825	0.147267
2007	129378.65	11.7705	0.296431	0.16884
2008	118976.55	11.68668	−0.083817	0.181415
2009	200317.16	12.20766	0.520975	0.201099
2010	185089.37	12.12859	−0.079063	0.193705
2011	155835.33	11.95656	−0.172039	0.189556
2012	173342.62	12.06303	0.10647	0.187349
2013	185773.62	12.13228	0.069259	0.176813
2014	228055.21	12.33734	0.205059	0.160236
2015	361008.72	12.79666	0.459314	0.180365
2016	491932.42	13.1061	0.309439	0.1823
2017	537473.1	13.19463	0.088537	0.1527464
2018	598269.7	13.3018	0.107163	0.1280728
2019	628427	13.35098	0.049178	0.1008647

为了验证 ΔLNEA 与 EF 之间的负相关关系，本书首先对两者进行相关性检验，表 5 - 6 是相关性检验结果。从检验结果来看，两者的相关系数为 −0.22718，反映实体经济金融资产的变动与经济波动之间确实存在负相关关系。图 5 - 7 是实体经济金融资产变动与经济波动的关系图。本书利用统计软件模拟了实体经济金融资产一阶差分与经济波动的趋势线。从趋势线来看，两者之间也存在明显的负相关关系，即随着实体经济金融资产一阶差分的增大，经济波动变小，而随着实体经济金融资产一阶差分的减小，

经济波动增大。这一结论初步验证了理论推演的结论。

表 5 – 6   实体经济金融资产一阶差分与经济波动的相关性检验

	实体经济金融资产一阶差分	经济波动
实体经济金融资产一阶差分	1.000	
经济波动	– 0.18736	1.000

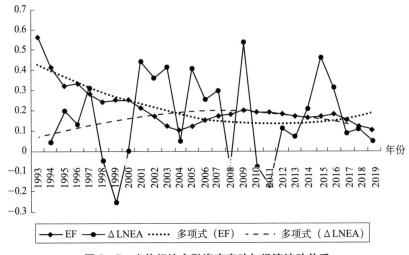

图 5 – 7   实体经济金融资产变动与经济波动关系

5.3   虚拟经济金融资产及其与经济波动关系的统计分析

5.3.1   我国虚拟经济金融资产的现状

5.3.1.1   数据的提取

相对于实体经济金融资产是由流入实体经济的资金所转换的金融资产而言，虚拟经济金融资产是流入虚拟经济的资金所置换的金融资产。根据第 3 章的分析，虚拟经济金融资产包括在二级市场上交易的股票、债券以及基金、金融衍生品、以实现套利为目的的房地产交易等，即所有以钱生钱为目的的经济活动所投资的资金置换的金融资产。在这些金融资产中，股票、债券、基金、金融衍生品等都得依赖交易所完成交易，这些金融资产的量可以通过上海证券交易所和深圳证券交易所来获取。

　　根据前面对实体经济金融资产以及虚拟经济金融资产的界定，以流量计算的金融资产反映的是某一个时期内金融资产投资者在金融市场上让渡自己的富余资金而获取的金融资产的量，这种让渡过程坚持等价交换原则，即有多少金融资产，就有多少资金实现了流转。所以，虚拟经济金融资产的形成过程就是资金与金融工具的交易过程，对某种金融资产的交易量反映了资金持有者通过市场获取了多少金融资产，也就让渡了多少资金。例如，对一名手中持有现金的投资者而言，其从股市中购买了一定份额的股票，股票即构成了投资者所拥有的金融资产，因为投资者参与股市投资的目的是获取收益，希望通过资金与股票之间的交易获取收益，则这部分股票即构成了该投资者所拥有的虚拟经济金融资产。投资者所投资的资金量就等于交易时所形成的金融资产的量，即金融资产的交易额就反映了有多少资金流入了这只股票。将市场中的交易者作为一个整体，股票市场在一段时间内的交易额就反映了流入股票这种虚拟经济金融资产的资金的量。因此，在统计虚拟经济金融资产时利用一个时期内金融资产的交易量作为度量资金流入虚拟经济的量。所以，虚拟经济中股票、债券、基金以及金融衍生品等虚拟经济金融资产的量可以通过这些资产在一个时间段内的成交额作为计量的依据。同时，由于统计年鉴中仅将期货纳入统计，未统计其他金融衍生品的交易情况，所以以期货的实际交易情况来反映金融衍生品的量。

　　在这些金融资产中，债券因为其在交易所交易方式的不同，其计入虚拟经济金融资产的量还需要进一步分离。根据《上海证券交易所债券交易实施细则》与《深圳证券交易所债券交易实施细则》的规定，债券在证券市场交易中存在现货交易和回购交易两种方式。债券现货交易采取净价交易，即在债券现货交易中采用以不含有应计利息的价格报价并成交的交易方式。这种交易方式与股票交易类似，债券在证券市场上的成交价格是债券买卖双方通过市场议价的结果，因为竞价不受价格涨跌幅限制，所以成为市场投机者交易的对象，符合本书关于虚拟经济金融资产的界定范畴，应当计入虚拟经济金融资产。而回购式交易的本质是为了实现债权持有者的融资需求，执行的是质押回购交易，即债权持有者在将债券质押的同时，将相应债券以标准券折算比率计算出的标准券数量作为融资额度而进行的质押融资，交易双方约定在回购期满后返还资金和解除质押的交易。其中，质押债券取得资金的交易方为"融资方",作为其对手的交易方为"融券方"。以 100 元的债券开展回购交易为例,购回价计算公式为:购回价 = 100 元 + 年收益率 × 100 元 × 回购天数/360,作为融券方从回购交易中获取的收益可以表示为:年收益率 × 100 元 × 回购天数/360,即融券方仅获得了约定的回购期限以内债券约定的利息额,并没有随着市场的升降而获取超额收益,所以这部分债券不符合本书界定的虚拟经济金融资产的范畴。因此,在虚拟经济金融资产中,债券的量为市场中现货的交易量。

基金是一种特别的金融产品,与股票、债券不同的是,基金是基于资产投资人与受托人之间的信托关系,由投资人将资金委托给基金公司,由其代为运营而获取投资收益。因此,购买基金就是以钱生钱的过程,属于虚拟经济金融资产范畴。目前,随着金融投资对专业水平要求的提高,越来越多的投资者依托基金公司开展投资。中国证券基金业协会披露,截至 2023 年 12 月,我国共有公募基金管理人 158 家,负责运营 11528 只公募基金产品,公募基金规模达到了 27.6 万亿元,而私募基金管理人有 21625 家,负责运营 15703 只私募基金产品,规模达到了 20.58 万亿元,我国证券投资基金已经达到一定的规模,购买基金已经成为社会投资者重要的以钱生钱的途径。这些证券投资基金根据投资对象的不同可以划分为股票型基金、债券型基金、混合型基金和货币市场基金,其中,股票型基金以股票为主要投资对象;债券型基金主要投资于债券,通过对债券进行组合,寻求具有稳定投资收益的基金;混合型基金则将资产混合配置于股票、债券、期权等金融资产中;货币市场基金则主要以货币市场工具为投资对象,投资范围包括短期国债、中央银行票据、银行大额存单等。在这些基金中,主要是股票型基金以及部分的混合型基金以二级市场的股票为投资标的,两者之间以股票型基金为主。本书将国家统计局公布的历年证券投资基金成交额作为基金的量纳入虚拟经济金融资产进行统计。

除了这些金融资产外,房地产因为其具有虚拟性,也被作为虚拟经济金融资产看待。但罗良清和龚颖安(2009)认为,不是所有的房地产都是虚拟经济,只有二手房的交易才能体现出房地产作为虚拟资产的属性,也只有二手房的交易才真正具有虚拟经济特征。袁国敏(2010)认为,由于实践中,房地产产值在评估时存在一定的困难,无法有效区分实体成分及虚拟成分。而在实际研究中,房地产不纳入虚拟资产进行统计。鉴于二手房市场的数据难以获取，刘林川（2014）在研究虚拟经济资产时未将房地产市场纳入其中。本书依照现有文献的处理方法，将房地产二级市场予以剔除。表5-7为虚拟经济金融资产数据。

表5-7	虚拟经济金融资产数据				单位：亿元
年份	股票	债券	基金	金融衍生品	合计
1993	3627.21	—	—	2761	6388.21
1994	8127.63	—	—	15800.71	23928.34
1995	4036.45	764.44	—	50282.65	55083.54
1996	21332.18	5030.71	—	42059.58	68422.47
1997	30721.83	3600.83	—	30885.33	65207.99
1998	23544.25	6120.94	555.33	18483.62	48704.14
1999	31322.37	5393.59	1623.12	11171.51	50372.95
2000	60835.19	4385.48	2465.79	8041.14	76063.65
2001	38325.39	4930.13	2561.88	15071.76	60889.16
2002	27993.91	8852.71	1166.58	19745.3	57758.54
2003	32115.27	6783.11	682.65	54194.67	93775.7
2004	42333.95	3717.09	479.47	73465.27	119995.78
2005	31664.78	3448.8	773.15	67224.19	103110.92
2006	90468.89	1998.11	2002.65	105023.16	199492.81
2007	460556.23	2093.61	8620.09	204861.23	676131.16
2008	267112.66	4609.38	5831.06	359570.98	637124.07
2009	535986.77	4834.26	10249.58	652553.8	1203714.85
2010	545633.54	5927.13	8996	1545583.54	2106140.65
2011	421644.58	6907.78	6365.8	1375175.68	1810093.85
2012	314583.27	9902.57	8667	1711224.54	2043834.24
2013	468728.61	17417.93	12562	2674762.02	3175694.72
2014	742385.26	28021.2	47231	2919882.26	3704103.66
2015	2550541.31	33920	152685	5542346.94	8171060.14
2016	1273846	51269.93	111444	1956339.41	3281455.34
2017	932351	55441.79	98052	1878951	2866743.79
2018	901739	63821.94	102705	2108057	3073617.94
2019	1274159	83530.20	91679.38	2905856	4263545.2

资料来源：2015年前数据来源于《中国金融年鉴》，2016年以后数据来源于中国人民银行网站、国家统计局网站。1993年、1994年债券两市的交易数据空缺。1997年之前基金数据空缺。

5.3.1.2 我国虚拟经济金融资产的结构特点

图 5-8 是我国虚拟经济金融资产结构图。从图 5-8 中可以看出，2006年之前，我国虚拟经济金融资产总量较小，2006 年虚拟经济金融资产总量为 19.95 万亿元，而 2007 年的虚拟经济金融资产则一举达到了 67.61 万亿元，此后迅速进入百万亿级别。2006 年以后，我国期货交易及股票交易非常活跃，成为我国虚拟经济金融资产的重要内容，除 1999 年及 2002 年股票交易及期货交易占全部虚拟经济金融资产的量在 90% 以下以外，其余年份都在 90% 以上。从统计来看，期货一直以来是我国虚拟经济金融资产的重要组成部分，统计期内，有 19 年期货占我国虚拟经济金融资产总额达到了50% 以上。相比于期货，股票的量虽然也有增长，但增长有限，其在虚拟经济金融资产中总体呈现波动下降趋势，1993 年，股票占我国虚拟经济金融资产的比例为 56.78%，到 2019 年，该占比下降到 29.89%。与股票、期货占比虚拟经济金融资产较高不同的是，虚拟经济金融资产中的债券及基金部分却始终占比较小，近一半的年份，虚拟经济金融资产在债券的占比不到 1%，只有 3 年占比超过了 10%，而基金占比最高也仅达到 4.2%。

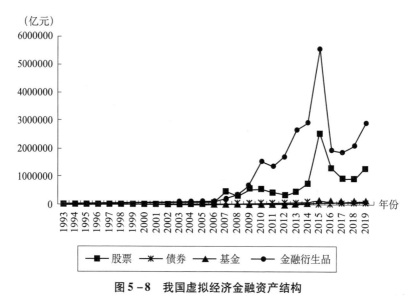

图 5-8 我国虚拟经济金融资产结构

5.3.2 我国虚拟经济金融资产与经济波动的关系

虚拟经济金融资产是本书所界定的金融资产结构的另一个组成部分。

从第 4 章的理论推演可知，随着虚拟经济金融资产量的上升，单位虚拟经济
金融资产占有的资金量上升，也即价格上升，此时容易因资产价格与经济
基本面的背离而形成经济波动。本部分内容与分析实体经济金融资产与经
济波动之间关系内容相同，利用我国 1993 ~ 2019 年的数据对虚拟经济金融
资产与经济波动的关系进行初步分析。同时，将虚拟经济金融资产表示为
FA，将虚拟经济金融资产的自然对数指表示为 LNFA，用 ΔLNFA 表示虚拟
经济金融资产一阶差分。表 5 - 8 是虚拟经济金融资产与经济波动数据。

表 5 - 8　　　　　　　　　虚拟经济金融资产与经济波动数据

年份	虚拟经济金融资产（FA）	LNFA	ΔLNFA	经济波动（EF）
1993	6388. 21	8. 762209		0. 564785
1994	23928. 34	10. 08282	1. 320609	0. 405463
1995	55389. 21	10. 91661	0. 833787	0. 322628
1996	68919. 85	11. 13346	0. 21685	0. 330838
1997	66015. 9	11. 08534	- 0. 048119	0. 277847
1998	49165. 7	10. 78205	- 0. 303286	0. 234916
1999	50372. 95	10. 77661	- 0. 005443	0. 246996
2000	76063. 65	11. 20179	0. 425186	0. 249626
2001	60889. 16	10. 97383	- 0. 22797	0. 212187
2002	57758. 54	10. 94362	- 0. 030204	0. 174919
2003	93775. 7	11. 44135	0. 497733	0. 121931
2004	119995. 78	11. 69121	0. 249853	0. 097126
2005	103110. 92	11. 53603	- 0. 155174	0. 122071
2006	199492. 81	12. 19344	0. 65741	0. 147267
2007	676131. 16	13. 41131	1. 217867	0. 16884
2008	637124. 07	13. 35553	- 0. 055786	0. 181415
2009	1203714. 85	13. 9923	0. 63677	0. 201099
2010	2106140. 65	14. 55609	0. 563791	0. 193705
2011	1810093. 85	14. 40537	- 0. 150721	0. 189556
2012	2043834. 24	14. 52636	0. 120989	0. 187349
2013	3175694. 72	14. 96637	0. 440015	0. 176813
2014	3704103. 66	15. 12122	0. 154845	0. 160236
2015	8171060. 14	15. 91068	0. 789464	0. 180365

续表

年份	虚拟经济金融资产（FA）	LNFA	ΔLNFA	经济波动（EF）
2016	3281455. 34	15. 0038	− 0. 906881	0. 1823
2017	2964796	14. 90232	− 0. 13488	0. 1527464
2018	3176323	14. 97123	0. 068916	0. 1280728
2019	4355225	15. 28689	0. 315652	0. 1008647

表 5 - 9 是虚拟经济金融资产一阶差分与经济波动相关性检验结果，从相关性检验来看，两者之间存在正相关关系，与理论推演结论一致。

表 5 - 9   虚拟经济金融资产一阶差分与经济波动的相关性检验

	虚拟经济金融资产一阶差分	经济波动
虚拟经济金融资产一阶差分	1. 000	
经济波动	0. 277061	1. 000

同样，用虚拟经济金融资产一阶差分反映虚拟经济金融资产的变动，图 5 - 9 是虚拟经济金融资产一阶差分与经济波动的关系图。从拟合的趋势线关系来看，虚拟经济金融资产一阶差分的变化与经济波动变化基本一致，即随着虚拟经济金融资产一阶差分的上升，经济波动上升，而随着虚拟经济金融资产一阶差分的下降，经济波动下降。两者的变化趋势符合理论推演结论。

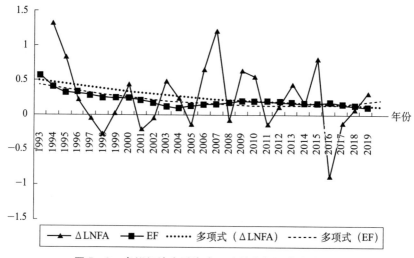

图 5 - 9   虚拟经济金融资产一阶差分与经济波动关系

5.4　金融资产发行结构及其与经济波动关系的统计分析

5.4.1　我国金融资产发行结构的现状

本书界定的金融资产发行结构是指实体经济金融资产与虚拟经济金融资产之间的结构关系。图 5 - 10 是我国 1993 ~ 2019 年金融资产发行结构变动趋势。从图 5 - 10 中可以看出，我国金融资产发行结构整体呈现下降趋势，尤其在 1993 ~ 1994 年的一年间，我国金融资产结构急剧下降，从 1993 年的 1.54 下降为 1994 年的 0.43。此后，我国金融资产结构虽然经历了几次调整，但金融资产结构始终维持在 0.8 以下，2010 年以来，这个数字更进一步下降到 0.2 以下，2016 年，金融资产发行结构在国家实施的一系列促进金融"脱虚向实"的政策作用下才得以上升，达到了 0.1499，但随后又呈现下降趋势。从变化趋势来看，我国金融资产发行结构实现了先下降后上升再下降的变化过程。从我国金融资产发展的总体情况来看，金融资产发行结构的下降源于虚拟经济金融资产上升速度明显大于实体经济金融资产的上升速度，即在资产的配置过程中，市场更愿意将资金配置到虚拟经济中，这也反映了我国虚拟经济对社会资金的吸引力较实体经济在提升。

图 5 - 10　我国 1993 ~ 2019 年金融资产发行结构变化

5.4.2　金融资产发行结构与经济波动的关系

通过对实体经济金融资产、虚拟经济金融资产与经济波动的关系可以看出，实体经济金融资产与虚拟经济金融资产都与经济波动之间存在一定的相关关系，即实体经济金融资产与经济波动呈负相关关系，而虚拟经济金融资产与经济波动之间呈正相关关系。但在开放经济条件下，实体经济金融资产与虚拟经济金融资产都可能同时出现上升或者下降的情况。在这种情况下，就必须借助于金融资产发行结构以及通过研究金融资产发行结构与经济波动的关系来研判金融资产的变化对经济波动的影响。为了表述方便，用 FS 表示金融资产发行结构，用金融资产发行结构的一阶差分 ΔFS 表示金融资产发行结构的变动。表 5 - 10 是金融资产发行结构与经济波动数据。

表 5 - 10　　　　　　　　金融资产发行结构与经济波动数据

年份	金融资产发行结构（FS）	ΔFS	经济波动（EF）
1993	1.538461		0.56
1994	0.427874	-1.11059	0.41
1995	0.225841	-0.20203	0.32
1996	0.205999	-0.01984	0.33
1997	0.294915	0.088916	0.28
1998	0.376193	0.081278	0.24
1999	0.285901	-0.09029	0.25
2000	0.18619	-0.09971	0.25
2001	0.359846	0.173657	0.21
2002	0.542056	0.18221	0.17
2003	0.505248	-0.03681	0.12
2004	0.415942	-0.08931	0.1
2005	0.725192	0.30925	0.12
2006	0.482166	-0.24303	0.15
2007	0.191351	-0.29081	0.17
2008	0.18674	-0.00461	0.18
2009	0.166428	-0.02031	0.2
2010	0.087881	-0.07855	0.19
2011	0.086092	-0.00179	0.19
2012	0.08479	-0.0013	0.18
2013	0.05854	-0.02625	0.17
2014	0.061018	0.002478	0.16
2015	0.043603	-0.01742	0.17
2016	0.144989	0.101386	0.18

续表

年份	金融资产发行结构（FS）	ΔFS	经济波动（EF）
2017	0.181285	0.036296	0.15
2018	0.188353	0.007068	0.12
2019	0.144293	−0.04406	0.1

首先，通过统计软件分析两者之间的相关性。表 5 − 11 是相关性检验结果，从检验结果可以看出，金融资产发行结构一阶差分与经济波动呈负相关关系。同理，利用统计软件描绘金融资产发行结构变动以及经济波动的关系见图 5 − 11，其中，左坐标轴度量的是金融资产发行结构变动，右坐标轴度量的是经济波动。同时，利用统计软件模拟了两者的变动趋势，从变动趋势来看，金融资产发行结构一阶差分与经济波动之间存在显著的负相关关系，即随着金融资产发行结构的上升，经济波动下降；而相反，随着金融资产发行结构的下降，经济波动上升，证实了理论推演结论。

表 5 − 11　　　　金融资产发行结构一阶差分与经济波动的相关性检验

	金融资产发行结构一阶差分	经济波动
金融资产发行结构一阶差分	1.000	
经济波动	−0.55221	1.000

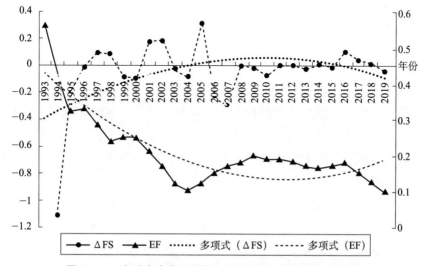

图 5 − 11　金融资产发行结构一阶差分与经济波动变动关系

5.5 本章小结

本章利用 1993～2019 年的数据，逐年离析出我国实体经济金融资产、虚拟经济金融资产的量，分析了实体经济金融资产与虚拟经济金融资产各组成部分的数量关系，并初步分析两者以及两者构建的金融资产发行结构与经济波动的关系，从统计分析的角度初步论证了第 4 章的理论推演结论。从上述分析来看，可以得出如下结论。

第一，我国经济波动整体呈下降趋势。本书通过 HP 滤波法以及滚动标准差法分别计量了我国 1993～2019 年的经济波动情况，经过比较分析，以标准差法计量的经济波动作为后续研究经济波动的度量方法。从标准差法计量的经济波动来看，1993～2019 年，我国经济波动整体呈现下降趋势。

第二，我国实体经济金融资产与虚拟经济金融资产逐年上升，而且虚拟经济金融资产的上升速度大于实体经济金融资产的上升速度。我国实体经济金融资产与虚拟经济金融资产从 1993 年开始均呈现出上升趋势，同时，相比于实体经济金融资产上升速度较为均匀而言，从 2006 年开始，我国虚拟经济金融资产呈现加速上升态势。

第三，我国实体经济金融资产中各组成部分发展不均衡，股票筹资额持续处于低位。从统计来看，我国实体经济金融资产中股票筹资额的占比远低于债券筹资额及贷款量占比，平均仅占实体经济金融资产的 4.09%。而贷款与债券筹资额在我国实体经济金融资产中的占比此消彼长，债券正逐步成为我国实体经济金融资产的主要组成部分。

第四，我国虚拟经济金融资产也呈现分化趋势。从统计来看，随着金融市场的初步建立和完善，我国虚拟经济金融资产快速发展，股票、期货逐步成为虚拟经济金融资产的主要组成部分，而债券在二级市场的交易则明显少于前两者。

第五，统计分析验证了金融资产、金融资产发行结构的变动与经济波动的关系。本书通过相关性分析以及趋势分析两种方法初步验证了第 4 章的理论推演结论，即实体经济金融资产的变动与经济波动呈现负相关关系，而虚拟经济金融资产变动与经济波动呈正相关关系，金融资产发行结构的变动与经济波动呈负相关关系。

第 6 章

金融资产、金融资产发行结构与经济
波动关系的实证检验

本书在第 4 章对金融资产、金融资产发行结构与经济波动的关系进行了理论推演，第 5 章利用我国 1993 ~ 2019 年的数据，从统计分析的角度对这些结论进行了分析检验，初步验证了第 4 章的理论推演。本章在第 5 章统计分析的基础上，利用统计软件，实证金融资产、金融资产发行结构与经济波动的关系，以实现理论推演与实证的统一。

本章主要包括三部分内容，一是简要综述时间序列回归的理论基础以及采用的具体模型，分析各种模型的成立条件以及建模方法；二是按照时间序列回归模型，借助 Eviews 软件对金融资产、金融资产发行结构以及经济波动的关系进行实证检验；三是对研究结论的一个简要回顾。

6.1 时间序列回归分析理论与模型简述

时间序列是指将某个统计指标在不同时点的数值按照时间顺序进行排列所构成的序列。时间序列数据与面板数据是经济分析中的重要数据类型，本书所研究的对象按照时间顺序编制，是典型的时间序列数据。对时间序列的分析，本质是利用时间序列的过去值、当期值以及滞后扰动项的加权数据建立模型，模拟时间序列的变化规律，达到解释经济现象、预测经济动向、发现经济规律的目的。但由于时间序列本身的特殊性，在利用时间序列进行分析时需要按照严谨的方法分析序列的特性，以便选择不同的模型进行模拟，其中，首先需要考查的就是序列的平稳性。

6.1.1 时间序列的平稳性检验

时间序列模型发展过程中的一个重要特征是对统计的均衡关系做某种形式的假设，其中一个非常特殊的假设就是序列的平稳性假设。而序列是否平稳是准确回归时间序列模型准确研判时间序列反映的经济意义的基础，因为基于一个不平稳的时间序列所构建的模型，其预测的准确性将出现偏差。时间序列的平稳性，一般包括两类（张宗新，2008）：

一是严格平稳过程。即对所有的 t，任意正整数 n 和任意 n 个正整数 $(t_1, t_2, \cdots, t_n)$，$(y_{t1}, y_{t2}, \cdots, y_{tn})$ 的联合分布是相同的，即：

$$P\{y_{t-1} \leqslant b_1, \cdots, y_{t-n} \leqslant b_n\} = P\{y_{t1+m} \leqslant b_1, \cdots, y_{tn+m} \leqslant b_n\}$$

$$(6-1)$$

则称时间序列 $\{y_n\}$ 为严格平稳的。换句话说，严格平稳过程要求序列 $\{y_n\}$ 的概率测度在时间的平移变化下保持不变。

二是弱平稳性过程。如果一个时间序列 $\{y_n\}$ 的均值、方差和自协方差都不取决于时刻 t，则称时间序列 $\{y_n\}$ 为弱平稳，也称为协方差平稳。即对于所有的 t 存在 E $(y_t) = \mu$、var $(y_t) = \sigma^2$，以及对于所有的 t 和 s 存在 cov $(y_t, y_{t-s}) = \gamma_s$。

检验序列平稳性的标准方法就是单位根检验。目前，惯用的单位根检验有 6 种方法，即 DF 检验（dickey-fuller test）、ADF 检验（augmented dickey-fuller test）、PP 检验（phillips-perron test）、KPSS 检验（kwiatkowski, phillips, schmidt, and shin test）、ERS 检验（elliot, rothenberg, and stock point optimal test）和 NP 检验（ng and perron test）。这些检验方法都已经嵌在统计软件中，直接通过软件即可完成单位根检验，以此来判断序列的平稳性。正是由于对序列平稳与否的严格界定，时间序列回归就产生了不同的研究模型。

6.1.2 时间序列模型理论及模型简述

常用的时间序列回归分析主要参考了两个维度进行展开，一是序列的平稳与否，以此将时间序列建模划分为平稳序列的建模方法和不平稳序列的建模方法；二是序列之间是否有既定的理论关系，如对时间序列 $\{x_t\}$ 和 $\{y_t\}$，如果现有的既定理论描述了两个序列之间的关系，假如为 $y_t =$

f（x_t），从现有理论角度，x_t 是 y_t 的因变量，通过函数 f（x_t）对 y_t 进行解释，则称为序列之间有既定的理论关系。而当现有的理论不足以对变量之间的动态联系提供一个严密的描述，内生变量既可以出现在等式的右边，也可以出现在等式的左边时，即认为序列不存在既定的理论基础。从这两个维度出发，大致有三类时间序列模型。

6.1.2.1 序列本身是平稳序列，序列当期值可以通过序列自身的过去值及滞后项予以解释

对于这样一个平稳的时间序列，可以通过对自身的过去值、滞后项进行加权，拟合当期值，即所谓的自回归模型。自回归模型根据回归要素的不同可以构建三种分析模型。

（1）p 阶自回归模型 AR（p），其模型可以表示为：

$$y_t = a_0 + a_1 y_{t-1} + a_2 y_{t-2} + \cdots + a_p y_{t-p} + \mu_t \qquad (6-2)$$

其中，a_0 为常数项，a_1，a_2，$\cdots$，a_p 为自回归模型系数，k 为回归模型阶数，μ_t 为均值为 0，方差为 σ^2 的白噪声序列。利用滞后值对当期值进行回归。

（2）q 阶移动平均模型 MA（q），其模型可以表示为：

$$y_t = a_0 + \varepsilon_t + \theta_1 \varepsilon_{t-1} + \cdots + \theta_q \varepsilon_{t-q} \qquad (6-3)$$

其中，a_0 为常数项，θ_1，θ_2，$\cdots$，θ_q 为 q 阶移动平均模型系数，ε_t 为均值为 0，方差为 σ^2 的白噪声序列。该模型是用白噪声的 q 期滞值来构建模型，模拟变量的当期值。

（3）将自回归模型与移动平均模型结合构建 ARMA（p，q）模型，其模型可以表示为：

$$y_t = a_0 + a_1 y_{t-1} + a_2 y_{t-2} + \cdots + a_k y_{t-p} + \varepsilon_t + \theta_1 \varepsilon_{t-1} + \cdots + \theta_q \varepsilon_{t-q} \quad (6-4)$$

这个模型综合了前两种模型，利用序列自身的滞后量与白噪声的滞后值来模拟序列的当期值。

6.1.2.2 序列本身不平稳，但是序列之间存在既定的理论基础，就理论上而言，一个序列可以通过另一个序列进行解释

对于这种序列，主要有三种分析方法。

（1）构建 ARIMA 模型。这种模型也是利用序列自身数据来模拟序列当期值的方法。其基本思想是假设序列 $\{y_t\}$ 是 d 阶单整序列，即 $y_t \sim I（d）$，

其 d 阶差分为 ω_t，且满足：

$$\omega_t = \Delta^d y_t = (1 - L)^d y_t \qquad\qquad (6-5)$$

则 ω_t 为平稳序列，即 $\omega_t \sim I(0)$，于是可以按照处理平稳序列那样，利用 ω_t 构建 ARMA（p，q）模型，即：

$$\omega_t = a_0 + a_1 \omega_{t-1} + a_2 \omega_{t-2} + \cdots + a_k \omega_{t-p} + \varepsilon_t + \theta_1 \varepsilon_{t-1} + \cdots + \theta_q \varepsilon_{t-q}$$
$$(6-6)$$

（2）对不同序列之间的结构关系进行协整检验，构建协整方程，揭示序列之间的解释与被解释关系。协整理论是非平稳序列建模的重要基础，该理论认为，虽然单个序列是非平稳序列，但具有经济理论基础的两个或者多个序列之间造成的线性组合却可能是平稳序列。如果线性组合是平稳的，则构成线性组合的序列之间就被认为具有协整关系，这种平稳的线性组合即称为协整方程，可以用来解释变量之间长期稳定的均衡关系。协整检验分为如下三个步骤：

①利用同阶单整序列建立回归方程来估计模型的残差；

②检验残差序列的平稳性，一般采取 ADF 检测来判断残差序列的平稳性；

③如果残差序列平稳，即非平稳序列构建的线性组合是平稳的、序列之间存在协整关系，则构建的线性组合即称为协整方程，可以利用这个协整方程对序列之间的关系进行模拟分析。

需要注意的是，对非平稳序列进行协整检验必须建立在序列为同阶单整的基础之上，否则无法进行协整检验。

（3）构建误差修正模型（ECM）。误差修正模型是基于对传统经济模型进行修正基础上建立的，传统的经济模型构建了不同变量之间的解释和被解释关系，构成了变量之间的"长期均衡"，但现实是实际经济数据所构成的两者之间的结构关系与长期均衡之间存在一定的误差，该误差由"非均衡过程"生成，所以在建模过程中需要用数据的动态非均衡构成逼近长期均衡过程。误差修正模型可以表示为：

$$\Delta y_t = \beta_0 + (\beta_1 - 1) \cdot (y_{t-1} - k_1 x_{t-1}) + \beta_2 \Delta x_t + \mu_t \qquad (6-7)$$

构建误差修正模型的基本步骤为：

第一步，利用 OLS 估计模拟变量之间的线性关系，则：

$$y_t = k_1 x_t + \mu_t \qquad\qquad (6-8)$$

得到 $\hat{k}_1$ 及残差序列 $\hat{\mu}_t$，即：

$$\hat{\mu}_t = y_t - \hat{k}_1 x_t \tag{6-9}$$

第二步，用 $\hat{\mu}_{t-1}$ 替换 $\Delta y_t = \beta_0 + (\beta_1 - 1) \cdot (y_{t-1} - k_1 x_{t-1}) + \beta_2 \Delta x_t + \mu_t$

$$\tag{6-10}$$

中的 $y_{t-1} - k_1 x_{t-1}$ 可以得到：

$$\Delta y_t = \beta_0 + (\beta_1 - 1) \cdot \hat{\mu}_{t-1} + \beta_2 \Delta x_t + \mu_t \tag{6-11}$$

再用 OLS 估计其参数。

6.1.2.3　现有经济理论未建立序列之间严密的逻辑关系

这种情况下，现有的经济理论尚未建立序列之间严格的因果关系，经济变量既可以出现在等式的右边，也可以出现在等式的左边，即出现了与传统结构性方程相悖的非结构方程。面对这种情况，通常根据序列的属性构建非限制性向量回归模型（VAR）、结构 VAR 模型（SVAR）以及向量误差修正模型（VEC）来研究变量之间的相互关系。其中，SVAR 模型是 VAR 模型的特殊形式，是基于序列平稳基础上的 VAR 模型，根据高铁梅（2006）的观点，"由于 VAR 模型仅有内生变量的滞后值出现在等式的右边，所以不存在同期相关性问题，用普通二乘法（OLS）能得到 VAR 简化式模型一致且有效的估计量。即使随机扰动项有同期相关，OLS 仍然是有效的，因为所有的方程有相同的回归量，其与广义最小二乘法（GLS）是等价的。注意，由于任何序列相关都可以通过增加更多的 y_t 的滞后而被消除，所以扰动项序列不相关的假设的要求并不非常严格。"[①] 所以，对于序列不平稳的序列之间的模型构建可以采用 VAR 模型进行构建。犹如变量之间具有既定的理论基础，在序列不平稳的情况下，构建协整模型以分析变量之间的解释和被解释关系一样，VEC 模型则是含有协整约束的 VAR 模型，多用于具有协整关系的非平稳时间序列的建模。不过协整方程是对回归的残差序列的检验，而 VEC 模型则是基于对回归系数的协整检验。

（1）VAR 模型。由于 VAR 模型具有一般性，而 SVAR 模型是在特殊限定条件下对 VAR 模型的进一步深化应用，本部分主要介绍 VAR 模型的构建过程。VAR 是基于数据的统计性质建立的模型，该模型将系统中每一个内

---

① 高铁梅. 计量经济分析方法与建模［M］. 北京：清华大学出版社，2006.

生变量描述为所有内生变量的滞后值的函数，以此来实现模型构建。假设滞后阶数为 k，则 VAR 模型的一般形式可以表示为：

$$Z_t = \sum_{i=1}^{k} A_i Z_{t-i} + U_t \qquad (6-12)$$

其中，Z_t 为 t 期观测值构成的 n 维向量，A_i 为 n×n 维的系数矩阵，U_t 为由随机误差项构成的 n×1 维矩阵，其中，随机误差项 μ_i 为白噪声过程并满足序列不相关要求。由于序列之间无法构建结构性方程，序列的相互作用需要通过格兰杰因果检验、脉冲响应函数以及方差分解来反映。其具体步骤为：

第一步，应用统计软件构建 VAR 模型。

第二步，对模型的滞后阶数进行检验，并确定最优滞后阶数。滞后阶数的确定是构建 VAR 模型的关键点，合理的滞后阶数需要兼顾模型的自由度并反映模型的动态特征。常用的检测滞后阶数的方法有两类，一是 LR（Likelihood Ratio）检验，另一类是 AIC（Akaike Information Criterion）信息准则和 SC（Schwarz Criterion）准则。

LR 检验构建的检验统计量为：

$$LR = (T - m) \left\{ \ln \left| \hat{\sum}_{j-1} \right| - \ln \left| \hat{\sum}_j \right| \right\} : \chi^2(k^2) \qquad (6-13)$$

其中，m 是可选择的其中一个方程的参数个数，m = d + kj，d 是外生变量的个数，k 是内生变量的个数，$\hat{\sum}_{j-1}$ 和 $\hat{\sum}_j$ 分别是滞后阶数为 j - 1 和 j 的 VAR 模型的残差协方差矩阵的估计值。

LR 检验比较直观且容易估计，但有一定的局限性，即只有在两个误差项都服从正态分布的情况下，检验才有效。然而，通常随机误差项并不服从状态分布。为了克服这种缺陷，AIC 信息准则和 SC 准则被广泛使用。两个信息准则的计算公式为：

$$AIC = -2l/T + 2n/T \qquad (6-14)$$

$$SC = -2l/T + n\ln T/T \qquad (6-15)$$

最优的滞后阶数为 AIC 和 ZC 同时达到最小。如果无法实现 AIC 与 ZC 同时达到最小，则选择其中一个为最小值时对应的滞后阶数为最优滞后阶数。

第三步，应用检验确定的最优滞后阶数重新创建 VAR 模型，并在此基础上检验模型的稳定性。VAR 模型稳定与否是模型进行脉冲分析的基础。如果模型不稳定，则可能导致脉冲分析的精度不高甚至会失效。目前考察 VAR 模型的稳定性主要是基于 AR 特征根检验，如果被估计的 VAR 模型所有根模的导数小于1，即在单位圆以内，则模型是稳定的，否则模型是不稳定的。由于对模型稳定的检验直接可以通过统计软件实现，其具体的计算方法不在此处赘述。

第四步，根据构建的稳定 VAR 模型进行格兰杰因果检验、脉冲响应函数分析以及方差分解。格兰杰因果检验主要考察变量之间从统计学角度反映出来的因果关系，解决了解释变量是否引起被解释变量的问题主要看被解释变量在多大程度上被过去的解释变量解释，以及加入解释变量的滞后值的解释能力是否得到提高。如果解释变量在被解释变量预测中有帮助，或者解释变量与被解释变量的相关系数在统计上显著，就可以说，被解释变量是由解释变量格兰杰引起的。

而脉冲分析则反映当一个误差项发生变化或者说模型受到某种冲击以后对系统的动态响应过程。以 VAR（2）为例，假设序列分别为 x_t 和 z_t，VAR 模型可以表述为：

$$x_t = a_1 x_{t-1} + a_2 x_{t-2} + b_1 z_{t-1} + b_2 z_{t-2} + \varepsilon_{1t} \qquad (6-16)$$

$$z_t = c_1 x_{t-1} + c_2 x_{t-2} + d_1 z_{t-1} + d_2 z_{t-2} + \varepsilon_{2t} \qquad (6-17)$$

其中，a，b，c，d 为 VAR 模型系数，ε_{1t}、ε_{2t} 为白噪声向量扰动项。脉冲响应函数试图解决的问题是当对其中一个扰动项如 ε_{1t} 给予一个正向冲击时，这一冲击将会在未来通过 x_t 传递到 z_t，并由 z_t 到 x_t 再到 z_t 等的影响程度，反映变量 x_t 对 z_t 的影响程度及路径，是解释两个变量相互关系的重要内容。

除了脉冲响应函数分析外，还可以利用稳定的 VAR 模型进行方差分解检验，分析变量对变量的影响程度，即通过分析每一个结构冲击对内生变量变化的贡献度，评价不同冲击的重要性，定量把握变量间的影响关系。

通过对稳定的 VAR 模型的格兰杰因果分析、脉冲响应函数分析以及方差分解，解决了非结构模型不同变量之间哪些变量之间互为因果关系、对解释变量的冲击会造成被解释变量怎样的变动以及变动的程度如何等一系列结构性模型能够回答的问题，是分析变量之间相互关系的重要工具。由于 VAR 模型不注重变量的平稳性，为研究不平稳序列间的相互关系奠定了很好的基础，也是本书最重要的模型。

（2）SVAR 模型。SVAR 模型是在序列平稳基础上对 VAR 模型的进一步延伸。因为 VAR 模型仅反映了各内生变量的滞后量对变量的影响，而变量之间的当期结果关系隐含在随机误差项内，无法通过将随机误差项进行分割来构建当期变量的相互关系。在序列是平稳序列、随机误差项是白噪声序列以及随机误差项不相关的限定条件下，可以通过 VAR 模型推导出 SVAR 模型。以 x_t、z_t 两个变量滞后一阶序列为例，其 SVAR 模型可以表示为：

$$x_t = b_{10} + b_{12}z_t + \gamma_{11}x_{t-1} + \gamma_{12}z_{t-1} + \mu_{xt} \qquad (6-18)$$

$$z_t = b_{20} + b_{21}x_t + \gamma_{21}x_{t-1} + \gamma_{22}z_{t-1} + \mu_{zt} \qquad (6-19)$$

该模型中不仅含有各变量的滞后值，同时含有变量的当期值，能够有效反映当期变量之间的影响程度。

（3）VEC 模型。对于 VAR 模型而言，变量之间是否平稳并不影响模型的有效性，只要模型的稳定性达到检验标准，就可以利用模型对变量之间的相互关系进行分析评估。但是，在时间序列中存在这样一类序列，虽然该序列是不平稳的，但经过相同阶的差分以后成为稳定序列，即所谓的同阶单整序列。对于这种序列除了可以直接利用 VAR 进行模型构建外，还可以通过构建 VEC 模型来研究变量之间的关系。

VEC 模型是建立在序列的协整检验基础上的。在 ECM 模型中，协整检验主要是针对回归残差进行检验，采用了 ADF、DF 等检验方法。在 VEC 模型的协整检验中通常针对回归系数进行协整检验，具体采用 Johansen 协整检验。Johansen 协整检验包括两部分，一部分是进行特征根迹检验，另一部分是进行最大特征值检验。当通过了这两个检验以后，统计软件就可以输出协整方程，直观反映变量之间的相互关系。对于这种存在协整关系的非平稳序列，可以通过建立 VEC 模型研究序列之间的相互关系。对 VEC 模型的分析依然沿用了 VAR 模型的基本步骤，即首先需要对构建的 VEC 模型进行稳定性检验，通过了稳定性检验的模型才可以进一步地进行格兰杰因果检验、脉冲分析以及方差分解，以此来判断序列的相关性。本书后续的研究不涉及 VEC 模型，所以此处仅将模型罗列出来，不进行详尽的解释。

需要特别说明的是，本部分仅给出了时间序列模型构建的基本框架，即从序列的特征出发，根据不同的变量特征，有针对性地回顾了时间序列的建模过程和前提条件，目的是为本书后续的研究奠定基础，所列举的模型也与本书的研究紧密相关，并未囊括时间序列模型的全部内容。

6.2　实证检验过程

根据前面的综述可以看出，对于时间序列而言，序列的平稳性关系到模型的选择，是时间序列模型构建的基础。所以，本书先对序列的平稳性进行检验，在此基础上选择不同的模型研究金融资产与经济波动、金融资产发行结构与经济波动之间的相互关系。

6.2.1　序列平稳性检验

本章所涉及的数据源于表 5.2、表 5.6、表 5.10、表 5.12，用 ΔLNEA 表示实体经济金融资产一阶差分，反映实体经济金融资产的变动；用 ΔLNFA 表示虚拟经济金融资产一阶差分，反映虚拟经济金融资产的变动；用 ΔFS 表示金融资产发行结构的一阶差分，反映金融资产发行结构的变动。本书利用 ADF 检验方法检验变量的平稳性。因为利用 ADF 检验方法检验变量的平稳性之前需要确定数据是否存在截距及趋势项，所以先绘制各变量的散点图，以确定在检验中选择是否存在截距及趋势项。

图 6-1~图 6-4 分别是金融资产发行结构变动、经济波动、实体经济金融资产变动、虚拟经济金融资产变动趋势图。从趋势图中可以看出，金融资产发行结构、实体经济金融资产、虚拟经济金融资产既无截距也无趋势，仅有经济波动具有截距及趋势。据此，对上述四个变量采用 ADF 检验方法检验其稳定性作为进一步研究的基础。检验结果如表 6-1所示。

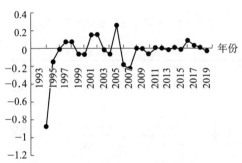

图 6-1　金融资产发行结构变动趋势

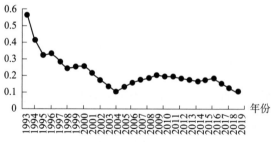

图 6-2 经济波动趋势

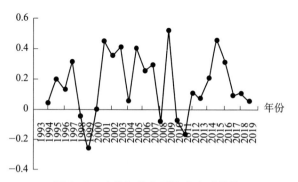

图 6-3 实体经济金融资产变动趋势

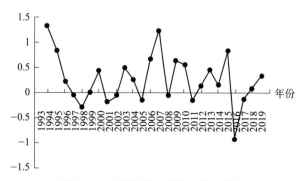

图 6-4 虚拟经济金融资产变动趋势

表 6-1 各变量的 ADF 检验结果

变量	ADF 统计量	1% 临界值	5% 临界值	10% 临界值	P 值	检验结果
ΔFS	-4.802037	-2.679735	-1.958088	-1.607830	0.0001	平稳
EF	-1.408998	-4.309824	-3.574244	-3.221728	0.8367	不平稳
ΔLNEA	-2.705278	-2.674290	-1.957204	-1.608175	0.0093	平稳
ΔLNFA	-3.857572	-2.674290	-1.957204	-1.608175	0.0005	平稳
ΔEF	-4.881530	-4.323979	-3.580623	-3.225334	0.0027	平稳

从检验结果可以看出，除经济波动 EF 外，实体经济金融资产一阶差分 ΔLNEA、虚拟经济金融资产一阶差分 ΔLNFA、金融资产发行结构一阶差分 ΔFS 都是平稳序列，经济波动而经过一次差分以后也达到平稳状态。

6.2.2　金融资产发行结构变动与经济波动相互关系的实证检验

6.2.2.1　模型选择及模型设计

从变量的平稳性检验来看，金融资产发行结构变动与经济波动为非同阶单整序列。为了检验两者之间的关系，可以通过构建 VAR 模型进行检验，即：

$$
\begin{aligned}
EF_t = &\ \alpha + a_1 EF\ (t-1)\ + a_2 EF\ (t-2)\ + \cdots + a_p EF\ (t-p) \\
&+ b_1 \Delta FS\ (t-1)\ + b_2 \Delta FS\ (t-2)\ + \cdots \\
&+ b_p \Delta FS\ (t-p)\ + \mu_{Jt}
\end{aligned}
\tag{6-20}
$$

$$
\begin{aligned}
\Delta FS_t = &\ \beta + c_1 EF\ (t-1)\ + c_2 EF\ (t-2)\ + \cdots + c_p EF\ (t-p) \\
&+ d_1 \Delta FS\ (t-1)\ + d_2 \Delta FS\ (t-2)\ + \cdots \\
&+ d_p \Delta FS\ (t-p)\ + \mu_{Zt}
\end{aligned}
\tag{6-21}
$$

其中，$\triangle FS$ 表示金融资产发行结构变动，EF 表示利用标准差法计量的经济波动。α、β 为截距项，p 为滞后阶数，a、b、c、d 为线性方程系数，μ_{Jt}、μ_{Zt} 分别为经济波动与金融资产发行结构的随机冲击，t 为时间，取值区间为 1993～2019。

6.2.2.2　实证检验过程

（1）模型模拟及有模型检验。确定 VAR 模型的一个重要问题在于确定内生变量最优的滞后阶数。如果滞后阶数选择过大，虽然满足了模型的精准化要求，全面反映了模型的动态特征，但模型的自由度降低，部分噪声被当作信号纳入了模型构建，造成过度拟合问题，影响了模型的预测准确性；相反，滞后阶数过小，则存在模型残差序列的自相关以及交叉相关，容易出现多重共线问题。由于本书讨论的时间区间限制，可以采集的数据有限，因此，为了确保模型不出现过度拟合以及残差序列相关问题，本书在设定滞后阶数时采取逐级试错的方法进行。首先从最大滞后阶数为 4 开始选择，当选择滞后阶数为 3，显示滞后阶数为 2 时，首先了 AIC 与 SC 最小且相等，同时，序列残差不存在相关性。表 6-2 为滞后阶数选择的检验结果。

表 6 – 2　　　　　　　　　VAR 滞后阶数选择的检验结果

Lag	LogL	LR	FPE	AIC	SC	HQ
0	45.72339	NA	4.33e – 05	– 4.372339	– 4.272766	– 4.352901
1	63.11942	29.57325	1.14e – 05	– 5.711942	– 5.413222	– 5.653629
2	71.56034	12.66138 *	7.43e – 06 *	– 6.156034 *	– 5.658168 *	– 6.058845 *
3	73.32970	2.300174	9.67e – 06	– 5.932970	– 5.235958	– 5.796906

注：* 表示据此信息准则，该滞后阶数的选择是最优的。

拟合的 VAR 模型可以表示为：

$$\Delta FS = -0.004 \times \Delta FS\ (-1) - 0.044 \times \Delta FS\ (-2) - 0.66$$
$$\times EF\ (-1) + 0.83 \times EF\ (-2) - 0.049 \qquad (6-22)$$
$$EF = -0.043 \times \Delta FS\ (-1) - 0.048 \times \Delta FS\ (-2) + 1.003$$
$$\times EF\ (-1) - 0.25 \times EF\ (-2) + 0.038 \qquad (6-23)$$

表 6 – 3 是残差的自相关 LM 检验结果，在 5% 的临界水平下，检验结果均拒绝了残差序列存在自相关的假设，即残差序列不存在自相关。图 6 – 5 是残差序列的互相关检验图，从图 6 – 5 中可以看出，检验结果均落在了一个标准差范围之内，残差序列也不存在交叉相关性。表 6 – 4 为残差序列的条件异方差检验结果，检验结果也拒绝了原假设，即残差序列不存在条件异方差。检验结果说明建立的金融资产发行结构与经济波动之间的模型有效，不存在过度拟合及残差序列交叉相关性问题。

表 6 – 3　　　　　　　　　残差自相关 LM 检验结果

滞后阶数	LRE 统计量	自由度	P 值	F 统计量	自由度	P 值
1	5.624802	4	0.2290	1.486693	(4, 32.0)	0.2294
2	8.911872	4	0.0633	2.480310	(4, 32.0)	0.0636
3	8.950284	4	0.0624	2.492516	(4, 32.0)	0.0626
4	5.002995	4	0.2870	1.309612	(4, 32.0)	0.2874
5	2.925790	4	0.5703	0.741675	(4, 32.0)	0.5707
6	8.116751	4	0.0874	2.230809	(4, 32.0)	0.0877
7	2.123010	4	0.7131	0.531585	(4, 32.0)	0.7134
8	6.032535	4	0.1967	1.604633	(4, 32.0)	0.1971
9	3.486723	4	0.4799	0.891536	(4, 32.0)	0.4803
10	1.648333	4	0.8001	0.409744	(4, 32.0)	0.8003

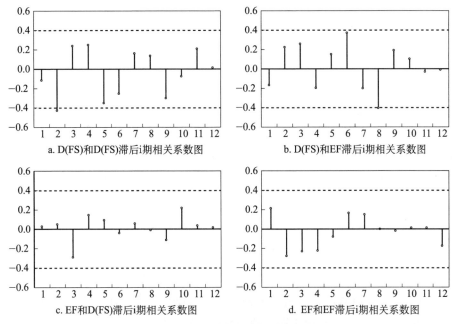

a. D(FS)和D(FS)滞后i期相关系数图

b. D(FS)和EF滞后i期相关系数图

c. EF和D(FS)滞后i期相关系数图

d. EF和EF滞后i期相关系数图

图 6 – 5　残差序列互相关检验结果

表 6 – 4　　　　　　　残差序列的条件异方差检验结果表

变量	R^2	F (8, 15)	P 值	$\chi^2(8)$	P 值
res1 × res1	0.434916	1.443089	0.2572	10.43798	0.2356
res2 × res2	0.187091	0.431531	0.8841	4.490179	0.8104
res2 × res1	0.528454	2.101280	0.1024	12.68289	0.1232

图 6 – 6 是模型的稳定性检验结果，单位根均在单位圆内，即建立的 VAR 模型满足稳定性要求，可以进行脉冲函数分析以及方差分解。

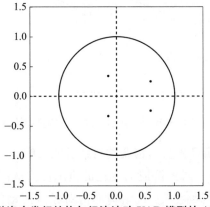

图 6 – 6　金融资产发行结构与经济波动 VAR 模型的 AR 根检验结果

（2）模型分析。表6-5是经济波动与金融资产发行结构的格兰杰因果检验结果。从检验结果来看，在1%的临界水平下，金融资产发行结构是经济波动的格兰杰原因，而经济波动不是金融资产发行结构变动的格兰杰原因。即在99%的置信区间下，金融资产发行结构变动能够引发经济波动。

表6-5　　　　经济波动与金融资产发行结构关系的格兰杰因果检验

检验变量	零假设	χ^2 统计量	自由度	P 值	结论
EF ΔFS	ΔFS 不是 EF 的 Granger 原因	9.359201	2	0.0093	ΔFS 是 EF 的 Granger 原因
	EF 不是 ΔFS 的 Granger 原因	0.788712	2	0.6741	EF 不是 ΔFS 的 Granger 原因

图6-7是经济波动对金融资产发行结构变动的脉冲响应图，反映了当给予金融资产发行结构一个正的标准差冲击时，经济波动的连续变化情况。从图6-8中可以看出，每当给金融资产发行结构一个正的冲击时，经济波动先下行而后上升，在第3期脉冲的作用发挥到最大，而后开始衰减，直至第9期达到水平状态，即恢复到冲击前的水平。说明随着给予金融资产发行结构一个正的冲击，经济波动下降，实证了金融资产发行结构与经济波动呈负相关的推论。

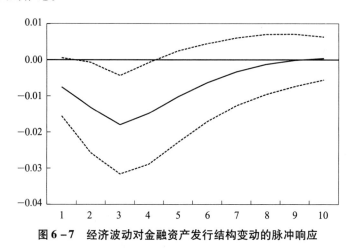

图6-7　经济波动对金融资产发行结构变动的脉冲响应

图6-8是金融资产发行结构变动对经济波动的方差分解结果，反映了金融资产发行结构冲击对经济波动变化的贡献度。从图6-9中可以看出，随着时间的推移，金融资产发行结构冲击对经济波动的贡献率不断上升，

最终稳定在 45.5% 的水平上。即金融资产发行结构的变动是经济波动的原因，能够解释 45.5% 的经济波动，是观察和解释经济波动的重要变量。

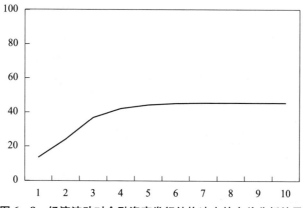

图 6-8 经济波动对金融资产发行结构冲击的方差分析结果

（3）实证结论。实证结果说明金融资产发行结构变动是经济波动的格兰杰原因，结合第 5 章的相关性分析以及两者之间的脉冲检验可以确定，金融资产发行结构的变动引发了经济波动，两者之间呈负相关关系。并进一步通过方差分解证实，金融资产发行结构的变动能够解释 45.5% 的经济波动，反映了金融资产发行结构是经济波动的有效解释变量。

6.2.3 实体经济金融资产、虚拟经济金融资产与经济波动关系的实证检验

在第 4 章的理论推演中，从理论上分析了实体经济金融资产、虚拟经济金融资产与经济波动的关系，即实体经济金融资产的增长有助于平抑经济波动，而虚拟经济金融资产与经济波动之间存在正相关关系，即虚拟经济金融资产的增长推动了经济波动。第 5 章从相关性分析以及趋势分析角度也证实了实体经济金融资产变动与经济波动之间存在负相关关系而虚拟经济金融资产的变动与经济波动呈正相关关系的结论。6.2.2 小节也进一步验证了金融资产发行结构与经济波动的负相关关系。那么，在除了通过金融资产发行结构解释经济波动外，基于第 4 章的理论研究，是否也可以单独地利用实体经济金融资产或者虚拟经济金融资产的变动来解释经济波动呢？本部分利用我国 1993 ~ 2019 年实体经济金融资产、虚拟经济金融资产数据对这种猜想进行验证。

从表 6-1 序列稳定性检验来看，实体经济金融资产一阶差分与经济波

动、虚拟经济金融资产一阶差分与经济波动均不是同阶单整序列，根据对时间序列建模理论的综述，可以通过构建 VAR 模型来研究两者之间的关系。

6.2.3.1 实体经济金融资产与经济波动关系的实证检验

与实证金融资产发行结构与经济波动的步骤与方法相同，在兼顾模型精度与非共线性的前提下，通过试错选择最优滞后阶数。最终选定 2 为最优滞后阶数，在滞后阶数为 2 时，AIC 和 SC 最小且相等，各检验指标均达到最优（见表 6 - 6）。

表 6 - 6　　　　　　　　VAR 滞后阶数选择的检验结果

Lag	LogL	LR	FPE	AIC	SC	HQ
0	35.42190	NA	6.72e-05	-3.931988	-3.833963	-3.922245
1	46.12997	17.63681	3.08e-05	-4.721173	-4.427097	-4.691941
2	56.08920	14.06009*	1.75e-05*	-5.422259*	-4.932133*	-5.373539*
3	57.47693	1.632629	2.28e-05	-5.114933	-4.428758	-5.046726

注：*表示据此信息准则，该滞后阶数的选择是最优的。

则 VAR 模型可以表示为：

$$\Delta LNEA = 0.089 \times \Delta LNEA(-1) - 0.104 \times \Delta LNEA(-2) + 0.2$$
$$\times 5EF(-1) - 0.76 \times EF(-2) + 0.33 \quad (6-24)$$
$$EF = -0.0329 \times LNEA(-1) - 5.35e^{-5} \times \Delta LNEA(-2) + 1.03$$
$$\times EF(-1) - 0.18 \times EF(-2) + 0.03 \quad (6-25)$$

表 6 - 7 是残差的自相关 LM 检验结果，在 5% 的临界值下，检验结果均拒绝了残差序列存在自相关的假设，即残差序列不存在自相关。图 6 - 9 是残差序列的互相关检验图，从图 6 - 9 中可以看出，检验结果均落在了一个标准差范围之内，残差序列也不存在交叉相关性。表 6 - 8 为残差序列的条件异方差检验结果截图，检验结果也拒绝了原假设，即残差序列不存在条件异方差。检验结果说明建立的实体经济金融资产与经济波动之间的模型有效防止了过度拟合及残差序列交叉的相关性问题。

表 6 - 7　实体经济金融资产与经济波动 VAR 模型残差自相关 LM 检验结果

滞后阶数	LRE 统计量	自由度	P 值	F 统计量	自由度	P 值
1	8.662051	4	0.0701	2.401270	(4, 32.0)	0.0704
2	1.388516	4	0.8462	0.343792	(4, 32.0)	0.8463

续表

滞后阶数	LRE 统计量	自由度	P 值	F 统计量	自由度	P 值
3	3.525871	4	0.4740	0.902090	(4, 32.0)	0.4743
4	3.321833	4	0.5055	0.847219	(4, 32.0)	0.5059
5	2.486260	4	0.6471	0.626016	(4, 32.0)	0.6474
6	0.873786	4	0.9283	0.214656	(4, 32.0)	0.9284
7	3.235482	4	0.5192	0.824099	(4, 32.0)	0.5196
8	0.376504	4	0.9844	0.091796	(4, 32.0)	0.9844
9	2.092266	4	0.7188	0.523640	(4, 32.0)	0.7190
10	1.822277	4	0.7684	0.454189	(4, 32.0)	0.7686

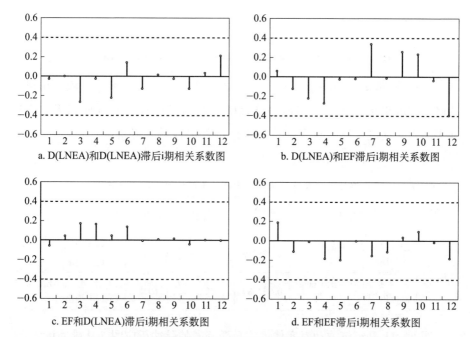

a. D(LNEA)和D(LNEA)滞后i期相关系数图

b. D(LNEA)和EF滞后i期相关系数图

c. EF和D(LNEA)滞后i期相关系数图

d. EF和EF滞后i期相关系数图

图 6 - 9 实体经济金融资产与经济波动 VAR 模型残差序列互相关检验结果

表 6 - 8　　　　　　　　残差序列的条件异方差检验结果表

变量	R^2	F (8, 15)	P 值	$\chi^2(8)$	P 值
res1 × res1	0.170862	0.386384	0.9114	4.100680	0.8479
res2 × res2	0.618010	3.033500	0.0305	14.83223	0.0625
res2 × res1	0.348553	1.003209	0.4726	8.365279	0.3986

图 6 – 10 是实体经济金融资产与经济波动 VAR 模型的稳定性检验结果，单位根均在单位圆内，即建立的 VAR 模型满足稳定性要求，可以进行脉冲函数分析以及方差分解。

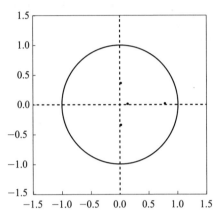

图 6 – 10 实体经济金融资产与经济波动 VAR 模型的 AR 根

表 6 – 9 是实体经济金融资产与经济波动之间的格兰杰因果检验结果。从格兰杰因果检验来看，实体经济金融资产与经济波动不构成因果关系，即无法直接通过实体经济金融资产来解释经济波动。经济波动也不是实体经济金融资产的格兰杰原因。

表 6 – 9 经济波动与实体经济金融资产关系的格兰杰因果检验

检验变量	零假设	χ^2 统计量	自由度	P 值	结论
EF ΔLNEA	ΔLNEA 不是 EF 的 Granger 原因	1.428219	2	0.4896	ΔLNEA 不是 EF 的 Granger 原因
	EF 不是 ΔLNEA 的 Granger 原因	0.731089	2	0.6938	EF 不是 ΔLNEA 的 Granger 原因

图 6 – 11 是经济波动对实体经济金融资产的脉冲反应图。从脉冲反应来看，当给予实体经济金融资产一个正的冲击，经济波动向下调整，在第二期达到最低点，而后逐步抬升，但这种抬升在 10 期内依然在 0 线以下说明实体经济金融资产的正向增加对经济波动的影响是较为长久的，并且，在相当长的时间内这种增加对经济波动的平抑作用都在发挥作用。

图 6 – 12 是实体经济金融资产与经济波动的方差分解图。从图 6 – 12 中可以看出，实体经济金融资产的变动对经济波动的影响随着时间的推移逐

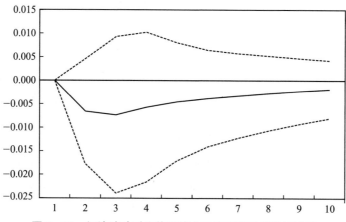

图 6 – 11　经济波动对实体经济金融资产变动的脉冲响应

步上升，在第四期达到最高值 11% ，而后持续维持在这个水平，即实体经济金融资产的变动最终能够解释 11% 的经济波动。与金融资产发行结构的变动解释 45.5% 是经济波动相比，实体经济金融资产的变动对经济波动的解释力明显减弱，即单纯从实体经济金融资产的变动角度对经济波动的解释力有限。

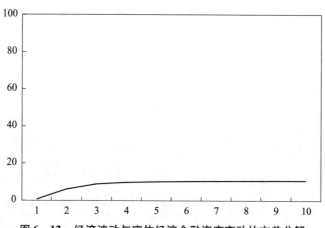

图 6 – 12　经济波动与实体经济金融资产变动的方差分解

6.2.3.2　虚拟经济金融资产与经济波动关系的实证检验

与实证实体经济金融资产与经济波动的步骤与方法相同，在兼顾模型精度与非共线性的前提下，通过试错选择最优滞后阶数。最终选定 2 为最优滞后阶数，在滞后阶数为 2 时，AIC 和 SC 最小且相等。如表 6 – 10 所示。

表6－10　　　虚拟经济金融资产与经济波动 VAR 模型滞后阶数选择的检验结果

Lag	LogL	LR	FPE	AIC	SC	HQ
0	21.68566	NA	0.000479	－1.968566	－1.868993	－1.949128
1	38.59021	28.73773*	0.000132	－3.259021	－2.960301	－3.200708
2	44.74520	9.232489	0.000109	－3.474520*	－2.976654*	－3.377332*
3	46.06562	1.716535	0.000148	－3.206562	－2.509549	－3.070497

注：＊表示据此信息准则，该滞后阶数的选择是最优的。

构建的 VAR 模型可以表示为：

$$\Delta LNFA = 0.28 \times EF(-1) - 1.81 \times EF(-2) - 0.04 \times \Delta LNFA(-1)$$
$$- 0.048 \times \Delta LNFA(-2) + 0.52 \qquad (6-26)$$

$$EF = 0.96 \times EF(-1) - 0.15 \times EF(-2) + 0.013 \times \Delta LNFA(-1)$$
$$+ 0.021149 \times \Delta LNFA(-2) + 0.02 \qquad (6-27)$$

表6－11 是虚拟经济金融资产与经济波动 VAR 模型残差的自相关 LM 检验结果 Eviews 截图，在 5% 的临界值下，检验结果均拒绝了残差序列存在自相关的假设，即残差序列不存在自相关。表6－13 是残差序列的互相关检验图，从图6－13 中可以看出，检验结果均落在了一个标准差范围之内，残差序列也不存在交叉相关性。表6－12 为残差序列的条件异方差检验结果，检验结果也拒绝了原假设，即残差序列不存在条件异方差。检验结果说明建立的虚拟经济金融资产与经济波动之间的模型有效防止了过度拟合及残差序列交叉相关性问题。

表6－11　　　虚拟经济金融资产与经济波动 VAR 模型残差自相关 LM 检验结果

滞后阶数	LRE 统计量	自由度	P 值	F 统计量	自由度	P 值
1	3.565022	4	0.4681	0.912658	(4, 32.0)	0.4685
2	4.971630	4	0.2902	1.300768	(4, 32.0)	0.2907
3	5.267701	4	0.2609	1.384589	(4, 32.0)	0.2613
4	1.929232	4	0.7488	0.481634	(4, 32.0)	0.7490
5	1.391634	4	0.8456	0.344580	(4, 32.0)	0.8458
6	4.457099	4	0.3477	1.156877	(4, 32.0)	0.3481
7	2.725230	4	0.6048	0.688708	(4, 32.0)	0.6051
8	3.264980	4	0.5145	0.831990	(4, 32.0)	0.5149
9	5.697937	4	0.2229	1.507741	(4, 32.0)	0.2233
10	1.175564	4	0.8821	0.290122	(4, 32.0)	0.8822

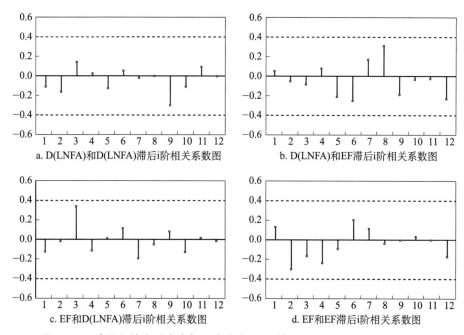

a. D(LNFA)和D(LNFA)滞后i阶相关系数图 b. D(LNFA)和EF滞后i阶相关系数图

c. EF和D(LNFA)滞后i阶相关系数图 d. EF和EF滞后i阶相关系数图

图 6 – 13 虚拟经济金融资产与经济波动 VAR 模型残差序列互相关检验结果

表 6 – 12 残差序列的条件异方差检验结果表

变量	R^2	F (8, 15)	P 值	$\chi^2(8)$	P 值
res1 × res1	0.302923	0.814802	0.6011	7.270145	0.5078
res2 × res2	0.327990	0.915139	0.5302	7.871771	0.4461
res2 × res1	0.364396	1.074952	0.4293	8.745515	0.3642

图 6 – 14 是虚拟经济金融资产与经济波动 VAR 模型的稳定性检验结果，单位根均在单位圆内，即建立的 VAR 模型满足稳定性要求，可以进行脉冲函数分析以及方差分解。

表 6 – 13 是虚拟经济金融资产与经济波动之间的格兰杰因果检验结果。从格兰杰因果检验来看，与实体经济金融资产和经济波动关系的格兰杰因果检验相同，在 5% 的临界水平下虚拟经济金融资产不是经济波动的格兰杰原因，即虚拟经济金融资产的变动不能引起经济波动，不是经济波动的解释变量。

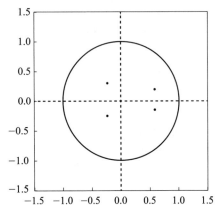

图 6 – 14   虚拟经济金融资产与经济波动 VAR 模型的 AR 根

表 6 – 13   经济波动与虚拟经济金融资产关系的格兰杰因果检验

检验变量	零假设	χ^2统计量	自由度	P 值	结论
EF ΔLNFA	ΔLNFA 不是 EF 的 Granger 原因	5.131101	2	0.0769	ΔLNFA 是 EF 的 Granger 原因
	EF 不是 ΔLNFA 的 Granger 原因	1.326640	2	0.5151	EF 不是 ΔLNFA 的 Granger 原因

图 6 – 15 是经济波动对虚拟经济金融资产的脉冲反应图。从脉冲反应来看，当给予虚拟经济金融资产一个正的冲击，经济波动向上调整，在第三期达到最高点，而后逐步下降，至第 10 期基本恢复到水平状态。说明虚拟经济金融资产与经济波动之间存在正相关关系，与统计分析中相关性检验结论一致。

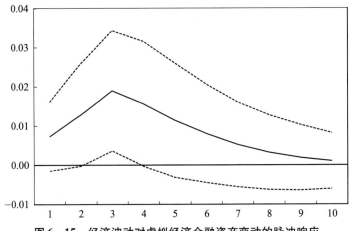

图 6 – 15   经济波动对虚拟经济金融资产变动的脉冲响应

图 6 – 16 是虚拟经济金融资产与经济波动的方差分解图。从图 6 – 16 中可以看出，虚拟经济金融资产的变动在一定程度上能够促进经济波动，能够解释 17% 的经济波动，与金融资产发行结构变动解释 45.5% 的经济波动相比，解释力有限。

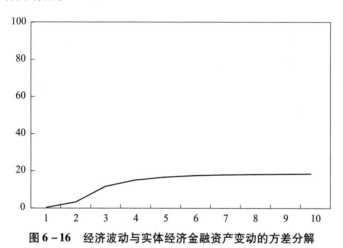

图 6 – 16　经济波动与实体经济金融资产变动的方差分解

6.2.3.3　实证检验的讨论

一方面说明，在金融资产体系中单纯通过实体经济金融资产或者虚拟经济金融资产无法准确界定经济波动状况，也无法准确描述经济波动，需要从实体经济与虚拟经济吸纳资金的能力两个方面共同来研究经济波动。也就是说，需要将实体经济与虚拟经济共同作为内生变量来研究金融与经济的关系，而不能顾此失彼。这也实证了本书坚持的观点，即在研究金融与经济关系时，需要将金融与经济纳入同一个研究框架，从整体上研究经济与金融相互之间的关系。从这个角度而言，对经济政策的制定也提出了新的要求，在维护经济平稳健康发展的过程中，不能单纯地从扩大实体经济投资或者抑制虚拟经济发展单个方面来实施经济政策，而需要双管齐下，要以金融资产之间的结构关系作为判定的标准实施经济政策才能更加有效和务实。

另一方面也实证了本书关于开放经济条件下实体经济金融资产与虚拟经济金融资产受到外部资金的冲击以及本国宏观调整政策的双重影响后会出现同时增长或者同时缩量的可能，因此限制了单个金融资产对经济波动的解释力。可能存在实体经济金融资产上升而虚拟经济金融资产上升更多的情况，导致金融资产结构下降而经济波动加大的情况，也可能存在实体经济金融资产减少而虚拟经金融资产减少更多的情况，导致金融资产结构上升，而经济波动下降。而这两种情况可能同时出现在经济繁荣和经济萧条的情况下。在经济繁荣时期，实体经济金融资产与虚拟经济金融资产均处于上升态势，而资金的趋利性可能导致虚拟经济金融资产增长得更多，从而导致了金融资产的下降。相同的是，在经济萧条期，或是受到外部冲击的影响，市场对经济的预期下降导致外部资金出逃，实体经济金融资产与虚拟经济金融资产均呈现下降态势，但可能是受到政府宏观调控或者国内资金的持续跟进，实体经济金融资产下降的量较虚拟经济金融资产小，金融资产结构反而上升，出现了虽然实体经济金融资产下降但金融资产发行结构上升的情况，导致了实体经济金融资产与经济波动的关系出现了背离，由此可以分析虚拟经济金融资产与经济波动的背离关系。通过这个分析也充分证明选取金融资产发行结构作为经济波动解释变量的可行性及准确性。综合金融资产发行结构与经济波动关系可以得出如下结论。

一是金融资产发行结构能够有效解释经济波动，是观察经济波动的重要窗口，金融资产发行结构对经济波动的这种解释力通过了统计分析及实证的双重检验。

二是金融资产发行结构虽然由实体经济金融资产和虚拟经济金融资产构成，但是从实证来看，单个金融资产并不能有效地解释经济波动，这两者与经济波动不存在显著的因果关系，各自的变动也对经济波动的影响不够显著。对经济波动的解释需要将两者组合成金融资产发行结构进行解释。

三是从研究的实用性角度而言，研究金融资产发行结构与经济波动的关系，其目的是找到能够解释经济波动的有效变量，并通过对这个有效变量的管控实现平抑经济波动的目标。所以，从这个角度来讲，平抑经济波动不能单纯通过增加实体经济金融资产或者单纯通过抑制虚拟经济金融资产来实现，而需要综合实体经济金融资产与虚拟经济金融资产两种力量共同实现。因此，在政策的选择上就需要通过金融资产结构这个有效的抓手来实施调控。

6.3　本章小结

通过实证检验可以得出如下结论。

　　第一，金融资产发行结构是解释经济波动的有效变量。实证检验证实了理论推理以及统计分析的结果，即金融资产发行结构与经济波动之间呈负相关关系，随着金融资产发行结构的上升，经济波动下降；相反，随着金融资产发行结构的下降，经济波动上升。同时，通过方差分解发现，金融资产结构可以解释 46% 的经济波动。

　　第二，单纯从实体经济金融资产与虚拟经济金融资产角度对经济波动的解释力有限。虽然金融资产发行结构是由实体经济金融资产与虚拟经济金融资产构成，而且金融资产发行结构对经济波动的作用就是通过两者的作用显现出来的，但从实证检验的结果来看，单纯从实体经济金融资产与虚拟经济金融资产角度无法有效地解释经济波动，两者对经济波动的解释力都在 20% 以下，而且两者与经济波动的格兰杰因果检验结果并不理想，虽然两者之间的这种作用方向得到了相关性检验和脉冲分析的一致结论，但在 5% 的临界值下，两者与经济波动并不构成格兰杰因果关系。这个结论从侧面解释了选择金融资产结构作为经济波动解释变量的可行性及稳健性。

　　第三，平抑经济波动的政策必须是从实体经济金融资产与虚拟经济金融资产两个角度共同施行。从政策制定及执行的角度而言，研究结论证实，经济是一个有机整体，对经济波动的调控需要将实体经济与虚拟经济纳入同一个框架来研究，而金融资产发行结构作为一个重要指标，可以有效反映实体经济与虚拟经济的发展状况以及作为宏观经济调控的观察窗口。

第7章

研究结论及政策建议

本章是本书研究的结论部分。同时，在总结前几章研究的基础上，提出了通过对金融资产发行结构的有效调控，以达到平抑经济波动的政策建议。

7.1 研究结论

经过前几章的论证，本书主要得出如下结论。

第一，金融资产的量能够有效反映实体经济与虚拟经济的背离程度，是研究经济波动的有效变量。经济是由实体经济与虚拟经济组成的，实体经济与虚拟经济的背离轻则引起经济波动，重则可能引发金融危机，例如，此次源于美国次贷危机的金融危机就被认为是虚拟经济脱离实体经济而体外循环造成的恶果。而实体经济与虚拟经济背离程度与流入两种经济体的资金量密不可分，对于实体经济而言，其吸纳的资金量越大，则越具备从市场中优先选取优质资源的能力和基础，因而具备了超越式发展的机会和能力。而对于虚拟经济来说，吸引资金流入虚拟经济助推了虚拟经济收益率的上升，从而引起更多的资金流入虚拟经济，实现虚拟经济的繁荣。而虚拟经济是不创造使用价值的，虚拟经济的收益来源于实体经济在其中的二次再分配，虚拟经济表象的繁荣并不能提升虚拟经济赖以存在的实体经济的量，即虚拟经济内在价值。而当虚拟经济受利益驱使试图摆脱实体经济发展对其的制约而独自"体外循环"，就会限制甚至挤出实体经济投资，导致经济发展打破原有均衡而出现波动。同时，资金与资金流入方发行的融资工具在量上是相等的，即实体经济或者虚拟经济从市场中获取了多少资金，就意味着实体经济或者虚拟经济向市场发行了多少量的融资工具，这些融资工具在资金提供方而言就构成了金融资产。在资金流动没有现成的统计资料、无法有效把控的情况下，金融资产成为观察实体经济和虚拟经济资金流入量的有效指标，也就成为研究经济波动的有效指标。

第二，根据融资工具发行于实体经济和虚拟经济的不同，本书将金融资产划分为实体经济金融资产和虚拟经济金融资产两大类。因为经济是由实体经济与虚拟经济构成的，经济中的不同主体都可以按照其实现价值增殖的方式不同划归为实体经济成分和虚拟经济成分。不同归属的经济主体均面临着发行融资工具进行市场融资的需要，发行于不同经济主体的融资工具就可以根据其归属的不同划分为源于实体经济的融资工具和源于虚拟经济的融资工具两大类，这两大类融资工具从量上而言，与其所融到的资金相同。而作为资金盈余者而言，其支付资金所购买的金融资产，要么是实体经济发行的融资工具，要么是虚拟经济发行的融资工具，所以，金融资产就可以按照其前身为实体经济融资工具和虚拟经济融资工具的不同而划分为发行于实体经济的金融资产和发行于虚拟经济的金融资产。本书从资金盈余者的角度将流入实体经济的资金所置换的金融资产称为实体经济金融资产，而将流入虚拟经济的资金所置换的金融资产称为虚拟经济金融资产。同时，本书从现有的金融资产的统计中离析出实体经济金融资产与虚拟经济金融资产的涵盖范畴，将境内贷款、股票一级市场筹资额、债券一级市场筹资额等由实体经济发行、满足实体经济融资需求的金融工具所对应的金融资产划归为实体经济金融资产范畴，将二级市场股票、债券以及基金、衍生产品、以套利为目的的房地产交易等由虚拟经济发行的融资工具所对应的金融资产划归为虚拟经济金融资产的范畴。这种对金融资产的划分及组合方法将实体经济与虚拟经济、经济增长与金融供给纳入同一个研究框架，有效贯彻了金融是经济发展要素的理念。

第三，实体经济金融资产与虚拟经济金融资产价值增殖过程的不同导致两种金融资产存在不同特性。研究发现，资金流入实体经济，实现货币资本转化为生产资本以后，企业是否按照获取资金时的承诺进行特定产品的生产，将不为资金提供者所掌握，因此就存在因企业家背弃合同约定、单方面改变资金用途、追逐收益最大化而导致的道德风险，进而给资金提供者按期足额索取收益带来了不确定性，本书将这个过程定义为实体经济生产的"黑障区"。同时，实体经济从生产到产品的销售存在一定的时间区间，这个时间区间的存在可能导致所生产的产品因为市场革新、技术进步、消费习惯变化等原因而失去市场竞争力，本书将这个时间区间定义为实体经济生产的"时滞期"。"黑障区"与"时滞期"的存在将会制约资产投资人将资金投入到实体经济的积极性，是实体经济金融资产扩张的内在短板。与实体经济金融资产价值增殖过程不同，虚拟经济金融资产的价值增殖过程中，资产投资者具有较强的自主操作空间以及金融资产价值增殖过程相对透明，使得虚拟经济金融资产天然具有了较实体经济更强的扩张动能。同时，虚拟经济金融资产的定价取决于市场对金融资产收益的预期，由于市场的不完全性，虚拟经济金融资产的价格受预期驱动的波动性较强，由于实体经济与虚拟经济的紧密关联性，虚拟经济金融资产价格的强波动性也使经济出现较大的波动，这是将虚拟经济金融资产作为经济波动分析要素的原因所在。

第四，从理论推演来看，金融资产发行结构与经济波动呈负相关关系，实体经济金融资产与经济波动呈负相关关系，虚拟经济金融资产与经济波动呈正相关关系。在分析了实体经济金融资产与虚拟经济金融资产构成及价值增殖过程不同的基础上，将实体经济金融资产与虚拟经济金融资产的结构关系定义为金融资产发行结构。在假设全社会的金融资产由虚拟的一个金融资产投资人来按照离散的投资方式来实施投资，且资产投资者以投资收益最大化为投资目标的前提下，通过上一期投资收益中实体经济金融资产与虚拟经济金融资产收益率的不同，分别讨论了对外封闭以及对外开放两种条件下，金融资产发行结构与经济波动的关系，得出了金融资产发行结构与经济波动呈负相关关系的结论，即随着金融资产结构的上升，经济波动下降，而随着金融资产结构的下降，经济波动上升。同时，研究发现，实体经济金融资产与经济波动呈负相关关系，即随着实体经济金融资产的上升，经济波动趋于平缓，而随着实体经济金融资产的下降，经济波动加剧。相反，虚拟经济金融资产与经济波动呈正相关关系，即随着虚拟经济金融资产的增加，经济波动上升，而随着虚拟经济金融资产的下降，经济波动下降。

第五，经济增长与金融资产稳态的条件是经济增长、实体经济金融资产、虚拟经济金融资产的增长率相等。本书构建了包含实体经济金融资产和虚拟经济金融资产在内的经济增长函数，通过理论推演，分析了经济增长最优化情况下，经济增长、实体经济金融资产、虚拟经济金融资产之间的关系，得到了三者均衡的条件，即当实体经济金融资产增长率、虚拟经济金融资产增长率以及经济增长率三者相等时，经济增长达到稳态最优。在此基础上，理论分析了实体经济增长率与虚拟经济增长率不同的情况下，经济增长率变动的动力源泉、实现路径以及造成的影响，进一步分析了金融资产发行结构与经济波动的关系，从另一个层面论证了金融资产发行结构与经济波动的负相关关系。

第六，从现有金融资产中离析出实体经济金融资产与虚拟经济金融资产量，并通过相关性检验初步验证了实体经济金融资产与经济波动呈负相关、虚拟经济金融资产与经济波动呈正相关、金融资产发行结构与经济波动呈负相关的理论推演结论。以我国 1993～2019 年金融资产统计数据为基础，根据本书对实体经济金融资产与虚拟经济金融资产涵盖范畴的界定，离析出我国 1993～2019 年实体经济金融资产与虚拟经济金融资产量，分析了实体经济金融资产与虚拟经济金融资产各组成部分的相互关系，得出实体经济金融资产中债券逐步成为主要部分而股票发展长期低位徘徊，虚拟经济金融资产中债券逐年下降而期货异军突起的结论。根据我国经济增长率数据，采用 HP 滤波法与滚动标准差法两种方法计量了我国的经济波动情况，分析了两种计算结果，选取了标准差法作为本书计量经济波动的方法，统计分析了我国 1993～2019 年金融资产发行结构的变化情况。从变动趋势来看，我国金融资产发行结构经历了大幅度下降、而后小幅反弹、最后下降的变化态势。尤其是 2008 年以后，我国金融资产结构持续下降，反映了我国虚拟经济逐步活跃的事实。通过相关性分析以及趋势线分析，初步检验了理论推演结论，即实体经济金融资产与经济波动呈负相关关系、虚拟经济金融资产与经济波动呈正相关关系，而金融资产发行结构与经济波动呈负相关关系。

第七，利用统计软件构建了金融资产发行结构与经济波动 VAR 模型，实证分析得出金融资产发行结构与经济波动呈负相关关系是经济波动的原因，能够解释 45.5% 的经济波动。在概述时间序列建模理论及模型的基础上，利用我国 1993～2019 年的年度金融资产发行结构与经济波动的数据构建了金融资产发行结构与经济波动的 VAR 模型。从构建的 VAR 模型检验来看，金融资产发行结构是经济波动的格兰杰原因。脉冲响应也证实了金融资产发行结构与经济波动的负相关关系，即给予金融资产发行结构一个正的冲击，造成了经济波动的向下调整。方差分解进一步检验了金融资产发行结构的变动对经济波动的影响程度，从结果来看，金融资产发行结构的变动能够解释45.5%的经济波动，是解释经济波动的有效指标。

第八，单纯从实体经济金融资产与虚拟经济金融资产角度对经济波动的解释有限。虽然从理论分析以及统计分析的趋势线上来看，实体经济金融资产和虚拟经济金融资产均与经济波动存在相关关系，可以作为经济波动的分析变量或者解释变量，但从构建的 VAR 模型分析来看，实体经济金融资产、虚拟经济金融资产与经济波动之间不存在显著的格兰杰因果关系，实体经济金融资产仅能解释11%的经济波动，而虚拟经济金融资产也仅能解释17%的经济波动，单纯地从实体经济金融资产与虚拟经济金融资产的角度对经济波动的解释有限，远低于金融资产发行结构45.5%的解释力。实体经济金融资产和虚拟经济金融资产的这种特点进一步说明将金融资产发行结构作为研究变量研究经济波动的稳健性。而且这个结果也符合本书关于开放经济环境下金融资产发行结构与经济波动关系的论证。这个结论的意义在于在制定平抑经济波动的政策时需要综合考量实体经济金融资产和虚拟经济金融资产，并将两者纳入金融资产发行结构框架内一并实施，防止制定和实施单纯针对实体经济金融资产的政策方略或者制定和实施单纯针对虚拟经济金融资产的政策方略，使经济政策的有效性大打折扣。

7.2 政策建议

研究经济波动的本质目标是揭示引发经济波动的力量本源，防范和化解经济波动对国民经济增长以及人民生活稳步提升造成的影响。本书通过前几章的理论推演以及实证检验，论证了金融资产发行结构作为可观察、可度量的指标，能够有效解释大部分的经济波动，是经济波动的重要观察窗口。同时，金融资产发行结构也是一个具有预警意义的指标。作为引发实体经济与虚拟经济结构失衡，进而引致经济波动的前置性指标，通过金融资产发行结构与经济波动的关系能够较早地识别经济增长偏离经济增长黄金率的情况，因而能够较好地发挥预警经济波动的作用。另外，金融资产作为金融交易的结果，具有较强的可控性。影响经济波动的因素较多，如预期对经济波动的影响已经得到了普遍认同，但市场对经济增长的预期计算不可测量的，也是不可控的。而金融资产发行结构则可谓一个可控的指标，经济管理部门可以通过对金融资产发行结构的监测分析，根据金融资产发行结构资金流向存在的问题采取措施、有的放矢、熨平经济波动，进而达到促进经济稳健运行的目的。同时，根据本书的研究结论，实施调控经济波动的政策必须从实体经济与虚拟经济两个维度同时发力方可奏效，单纯地从实体经济金融资产或者虚拟经济金融资产的角度采取的措施并不能达到平抑经济波动的目标。基于这样的判断，当经济波动加大、危及经济稳健运行时，可以综合采取如下经济政策，达到实现平抑经济波动的目的。

7.2.1　加大创新力度，引导资金流入实体经济

创新是发展的基础，也是一个经济体立于不败之地的关键。作为创新理论的提出者熊彼特（1912）认为，创新就是建立一种新的生产函数，也就是生产要素的重新组合，通过生产要素的重新组合，实现经济的自我破坏和重新发展，以最大限度地获取剩余价值。创新的意义在于增加了市场对企业获利的预期，因为创新可能是一种新产品的问世，也可能是一种新的生产方式的应用，抑或是产品市场的扩大、获取了一种新的资源以满足新发展的需求，同样也可能是形成了一种新的能够激发生产活力的制度模式，不管这些结果中哪一种结果的出现都会使得市场看好企业未来的前景，形成良好的市场预期。而对企业生产能力预期的提升，必然会吸引市场上的资金投资于实体经济，进一步助推实体经济的发展，促进实体经济金融资产的上升，进而提升金融资产结构，达到平抑经济波动的目的。从这个意义上而言，目前国家实施的大众创业、万众创新的战略不仅有助于培育和催生经济社会发展新动力，激发全社会创新潜能和创业活力、促进经济结构转型升级、实现经济发展，同时也有助于经济平稳。

7.2.2　正确发挥政府的积极作用，做到有所为有所不为

政府是经济社会的守夜人，相对于市场"无形的手"而言，是"有形的手"。强调政府之手的有形性，是基于政府对经济宏观调控的主动性。政府可以通过具体的、有的放矢的调控政策来实现对经济发展方向的把控，

进而改变经济发展的方向或者是抑制经济按照原有的方向继续发展，进而达到治理经济的目的。根据本书的研究结论，在经济波动较大时，为了降低这种波动性，以实现经济稳健发展，政府可以需要采取措施增加实体经济金融资产的量，以实现平抑经济波动的目的。总体而言，有两个重要的途径：一是运用积极的财政政策，直接增加对实体经济的投资，以实现实体经济金融资产总量的上升。如通过加大政府债券的发行来满足对公共产品的投资增加的需求以及改善公共设施以消除其对经济发展的制约；支持企业发行特定债券以满足技术革新或者改造落后产能的需要，提高企业发展愿景以实现市场资金的跟进；加大对科学研究的支持和投入，解决实体经济发展的瓶颈、实现对现有落后产能的改进提升，等等，实现实体金额资产的上升，进而提高金融资产结构，实现平抑经济波动的目标。二是运用积极的货币政策，通过信贷政策有的放矢的调整满足实体经济发展的需要，以提高实体经济金融资产量的上升，实现平抑经济发展的目标。如实施差别化的贷款政策，对创新型企业或者关乎民生的项目予以贷款倾斜；实施差别化的准备金政策，引导银行业金融机构对实体经济发展给予支持；实施差别化的利率政策，对实体经济发展给予一定的利率优惠政策，等等，以此来提升实体经济金融资产量，达到平抑经济发展的目的。

7.2.3 加大对外开放，积极输出产能

实体经济的发展是基于实体经济的供给与市场的有效需求之间的均衡调整，当这种均衡向下发展，实体经济则呈现衰退迹象，而当这种均衡向上发展，实体经济则趋于繁荣。而市场对实体经济发展的预期就来源于实体经济的供给与市场的需求之间的均衡移动，当这种均衡上升，市场预期实体经济向好，即投资实体经济能够带来更大收益；而当这种均衡向下调整，则市场对实体经济发展的预期变差，投资实体经济的意愿下降。因此，提振市场对实体经济预期的一个重要方面就是扩大实体经济产品的市场空间。而实施对外开放、积极向外输出产能则是提升市场预期的有效措施。实施对外开放、积极向外输出产能的意义在于实现了实体经济从国内市场向国际市场的延伸，扩展了实体经济产品的市场空间，提高了需求量，有助于提升国内实体经济增长的预期，进而提高资金进入实体经济的愿望，实现金融资产结构的上升。当前，由中国倡导的"一带一路"充分利用了

古代丝绸之路的历史符号，积极发展与共建国家的经济合作关系，共同打造政治互信、经济融合、文化包容的利益共同体、命运共同体、责任共同体。"一带一路"倡议的实施必将为我国企业走出去提供良好的空间，可以预期的是，随着"一带一路"倡议的进一步实施，国内企业将逐步实现国内市场与国际市场的进一步融合，实体经济发展空间增大必将吸引更多的资金流入实体经济，实现实体经济金融资产的上升，以此来平抑经济波动。

7.2.4 规范市场环境，提高信息透明度

金融市场的稳健发展是经济社会稳健发展的重要内容，而稳健的金融市场是建立在投资者对金融市场全面准确的判断上实现的，是投资者对市场未来发展预期的体现。当投资者从市场中获取了全面准确的信息，进而作出准确的预期，则投资将处于理性的投资范畴；而当投资者从市场中获取的信息有误导，将对投资者的预期产生不良影响，进而导致市场对金融资产的投资产生错误判断。以引发此次金融危机的美国次级贷款为例，该类贷款在经过了产品承销部门的包装、信用评级机构的信用加码以及市场的层层交易，作为最终的资产持有者已经无法准确判断其所持有资产的底层资产资金流大小，而仅根据信用评级机构给出的错误评级购买了此产品。当市场最终揭穿了这种骗局时，多米诺骨牌效应出现。如果投资者得到的信息是被有意歪曲的，错误信息必将误导投资者的投资行为，而市场整体对信息的误读将导致股票市场泡沫的出现。因此，要加大对金融市场，尤其是虚拟经济金融资产市场信息透明度的管理，为投资者提供更为完备、真实的信息是降低投资者盲目投资以及防止虚拟经济泡沫产生的有效途径。

7.2.5 加大金融知识的普及，引导广大金融消费者理性消费

金融业的发展日新月异。为了规避监管、提高收益，金融市场的创新层出不穷。而作为普通的金融消费者在准确理解金融产品的属性以及风险特点方面存在一定的难度。而无法准确理解产品的特点乃至运作规律、单纯受市场整体的行为驱使而盲目消费会导致虚拟经济金融资产量的暴涨，影响了金融资产分析结构，导致经济波动的出现。因此，各金融监管部门要引领金融机构切实落实对金融消费者进行教育的主体责任，引导金融机构加大对金融消费者关于金融知识的宣传教育，实现金融创新与消费者认

知的同步发展。通过广泛、深入、系统的金融知识宣传教育，全面提升全社会包括金融机构从业者对金融产品和服务的认知水平与评判能力，引导广大金融消费者正确认识金融产品和服务，准确理解金融产品的风险，客观评价自身的风险承受能力，提高金融消费者关于虚拟经济金融资产的消费理性，增强消费者学金融、懂金融、依法合规用金融的金融素养，降低其系统性行为偏差，维护金融市场的稳定。

参考文献

［1］爱德华·肖. 经济发展中的金融深化［M］. 上海：上海人民出版社，1988.

［2］安树伟，张晋晋，王彦飞. 中国区域间经济波动与经济增长时滞效应分析［J］. 河北经贸大学学报，2016，37（6）：106－111.

［3］白钦先，白炜. 金融功能研究的回顾与总结［J］. 财经理论与实践，2009（9）：2－4.

［4］白钦先，谭庆华. 论金融功能演进与金融发展［J］. 金融研究，2006（7）：41－52.

［5］晁江锋. 巨灾情境下政府财政支出结构变动对我国宏观经济的动态效应研究——基于三部门 DSGE 模型的数值分析［J］. 财经论丛，2016（9）：28－34.

［6］陈邦强，傅蕴英，张宗益. 金融市场化进程中的金融结构、政府行为、金融开放与经济增长间的影响研究——基于中国（1978—2005）的实证［J］. 金融研究，2007（10）：1－14.

［7］陈海声，温嘉怡. 我国制造企业 R&D 投资与房地产投资的实证研究［J］. 科技管理研究，2012，32（5）：124－127.

［8］陈乐一，李良，杨云. 金融结构变动对经济波动的影响研究——基于中国省际面板数据的实证分析［J］. 经济经纬，2016，33（1）：126－131.

［9］陈乐一，刘新新，杨云. 信贷摩擦对经济波动的影响［J］. 贵州社会科学，2018（5）：98－104.

［10］陈孝明，张可欣. 企业金融资产配置与创新投资：蓄水池效应还是挤出效应［J］. 现代财经（天津财经大学学报），2020，40（6）：80－98.

［11］陈志武．金融是什么［N］．南方周末，2009 - 8 - 6（5）．

［12］成思危．虚拟经济探微［J］．南开学报（哲学社会科学版），2003（2）：23 - 28.

［13］成学真，黄华一．金融结构理论体系划分研究［J］．经济问题，2016（6）：1 - 7.

［14］程立超．股票价格、货币政策和宏观经济波动［J］．中央财经大学学报，2010（4）：24 - 29.

［15］刁思聪，程棵，杨晓光．我国信贷资金流入股票市场、房地产市场的实证估计［J］．系统工程理论与实践，2011，31（4）：617 - 630.

［16］董丰，周基航，贾彦东．资产泡沫与最优货币政策［J］．金融研究，2023（6）：1 - 19.

［17］董冠鹏，郭腾云，马静．中国区域经济波动与经济增长关系［J］．地理科学进展，2010，29（10）：1233 - 1238.

［18］董进．宏观经济波动周期的测度［J］．经济研究，2006（7）：41 - 48.

［19］杜家廷．金融资产结构调整、产业结构升级与污染排放控制［J］．经济地理，2014，34（11）：112 - 119.

［20］杜两省，齐鹰飞，陈太明．经济波动对中国经济增长影响的稳健性研究［J］．云南财经大学学报，2011（4）：3 - 12.

［21］方福前，邢炜，王康．中国经济短期波动对长期增长的影响——资源在企业间重新配置的视角［J］．管理世界，2017（1）：30 - 50.

［22］弗兰克·J. 法博齐，弗朗哥·莫迪利亚尼．资本市场：机构与工具［M］．唐旭，译．北京：经济科学出版社，1998.

［23］富兰克林·艾伦，道格拉斯·盖尔．理解金融危机［M］．北京：中国人民大学出版社，2013.

［24］干春晖，郑若谷，余典范．中国产业结构变迁对经济增长和波动的影响［J］．经济研究，2011（5）：4 - 16.

［25］高铁梅．计量经济分析方法与建模［M］．北京：清华大学出版社，2006.

［26］戈德史密斯．金融结构与金融发展［M］．上海：上海三联书店，1990.

［27］龚强，张一林，林毅夫．产业结构、风险特性与最优金融结构［J］．经济研究，2014（4）：4－16．

［28］郭光耀．银行垄断与经济波动——基于 RBC 模型的扩展研究［J］．南方经济，2013，31（4）：63－74．

［29］郭金兴．房地产的虚拟资产性质及其中外比较［J］．上海财经大学学报，2004，6（2）：45－52．

［30］华昱．设备投资专有技术冲击与宏观经济波动——基于贝叶斯估计的新凯恩斯动态随机一般均衡的研究［J］．产业经济研究，2016（6）：67－77．

［31］黄聪英．论实体经济［D］．福州：福建师范大学，2014．

［32］黄达．金融学［M］．2 版．北京：中国人民大学出版社，2008．

［33］黄华一．金融本质、信息不对称与元宇宙金融［J］．兰州财经大学学报，2023，39（4）：103－112．

［34］黄华一．虚拟经济收益来源分析［J］，金融发展研究，2012（3）：49－52．

［35］黄燕君，李融．金融资产结构与经济增长关系的实证研究——基于浙江省数据的分析［J］．系统工程，2014（10）：46－52．

［36］坚毅．要素—结构—功能——唯物辩证法范畴立体化之八［J］．学术研究，1999（7）：18－21．

［37］解海，郭富，康宇虹．东北地区产业结构变迁及其经济效应分析［J］．商业研究，2017（10）：171－176．

［38］金碚，牢牢把握发展实体经济这一坚实基础［J］．求是，2012（4）：24－26．

［39］金祥义．金融加速器、货币政策财政政策调控和宏观经济波动［J］．大连理工大学学报（社会科学版），2022，43（5）：33－46．

［40］景光正，盛斌．金融结构如何影响了中国企业出口国内附加值？［J］．经济科学，2022（5）：59－77．

［41］劳平，白剑眉．金融结构变迁的理论分析［J］．厦门大学学报（哲学社会科学版），2005（3）：64－69．

［42］李健，贾玉革．金融结构的评价标准与分析指标研究［J］．金融研究，2005（4）：57－67．

［43］李健, 范祚军. 经济结构调整与金融结构互动: 粤鄂桂三省 (区) 例证 ［J］. 改革, 2012 (6): 42 – 54.

［44］李杰, 王千. 房地产虚拟资产特性的理论和实证分析 ［J］. 当代财经, 2006, 2006 (2): 82 – 86.

［45］李猛, 沈坤荣. 地方政府行为对中国经济波动的影响 ［J］. 经济研究, 2010 (12): 35 – 47.

［46］李晓, 邱晶晶. 金融结构与经济韧性——基于跨国数据的动态演化分析 ［J］. 吉林大学社会科学学报, 2023, 63 (4): 137 – 157, 240.

［47］李晓西, 杨琳. 虚拟经济、泡沫经济与实体经济 ［J］. 财贸经济, 2000 (6): 5 – 11.

［48］李扬. 关于虚拟经济的几点看法 ［J］. 经济学动态, 2003 (1): 11 – 14.

［49］李永刚. 金融结构调整对发达经济体和新兴经济体的差异性影响 ［J］. 金融论坛, 2014 (1): 36 – 42.

［50］李之民. 金融结构对经济增长质量的影响研究 ［D］. 重庆: 重庆大学, 2015.

［51］林四春, 何小锋. 论金融统计中金融资产的分类调整 ［J］. 上海金融, 2011 (10): 39 – 44.

［52］林毅夫, 孙希芳, 姜烨. 经济发展中的最优金融结构理论初探 ［J］. 经济研究, 2009 (8): 4 – 17.

［53］林毅夫, 徐佳君, 杨子荣, 等. 新结构金融学的学科内涵与分析框架 ［J］. 经济学 (季刊), 2023, 23 (5): 1653 – 1667.

［54］林毅夫, 徐立新. 金融结构与经济发展相关性的最新研究进展 ［J］. 金融监管研究, 2012 (3): 4 – 20.

［55］林毅夫, 章奇, 刘明兴. 金融结构与经济增长: 以制造业为例 ［J］. 世界经济, 2003 (1): 3 – 22.

［56］凌永辉. "双循环"重心转向下的金融结构调整: 内在逻辑与政策选择 ［J］. 云南社会科学, 2023 (2): 82 – 90.

［57］刘锋. 结构功能统一律初探 ［J］. 哲学动态, 1989 (12): 87 – 92.

［58］刘刚. 金融的本质及其演进 ［J］. 浙江金融, 2007 (2): 61 – 62.

［59］刘贯春, 张成思, 刘进. 中国实体企业的金融化分层与投融资决

策影响机制［J］.管理科学学报，2022，25（4）：1－20.

［60］刘骏民，伍超明.虚拟经济与实体经济关系模型——对我国当前股市与实体经济关系的一种解释［J］.经济研究，2004（4）：60－69.

［61］刘骏民.从虚拟资本到虚拟经济［M］.济南：山东人民出版社，1998.

［62］刘凯，贾相钟.宏观经济波动影响长期经济增长的五大机理及政策启示［J］.国际经济评论，2023（6）：125－146，7.

［63］刘林川.虚拟经济与实体经济协调发展研究——基于总量与结构的视角［D］.天津：南开大学，2014.

［64］刘伟，夏恩君，杨尚洪.房地产信托投资基金风险评价研究［J］.山东社会科学，2016（8）：154－159.

［65］刘洋.虚拟经济与实体经济背离对现代金融危机的影响研究［J］.经济问题，2015（1）：23－26.

［66］刘一楠，王亮.内生的杠杆阈值、金融加速器与宏观经济波动——基于动态随机一般均衡模型（DSGE）的分析［J］.南方经济，2018（12）：57－77.

［67］刘宇，向修海，侯霁洋.衍生品是否能够舒缓经济波动——来自美国的经验［J］.上海金融，2016（5）：3－9.

［68］吕丹.金融的本质是经营风险［J］.首席财务官，2015（7）：72－57.

［69］罗良清，袭颖安.从国民核算视角再认识虚拟经济［J］.统计与决策，2010（11）：35－37.

［70］罗纳德·麦金农，经济发展中的货币与资本［M］.上海：上海人民出版社，1988.

［71］马昕田.我国股票市场运行特征及其与宏观经济波动的关联性研究［D］.长春：吉林大学，2012.

［72］苗文龙，周潮.人口老龄化、金融资产结构与宏观经济波动效应［J］.管理评论，2020，32（1）：56－67.

［73］穆争社.论信贷配给对宏观经济波动的影响［J］.金融研究，2005（1）：74－81.

［74］南开大学虚拟经济与管理研究中心课题组.房地产虚拟资产特性研究报告［J］.南开经济研究，2004，1（1）：24－32.

［75］牛卫东. 中国金融结构与货币政策传导机制的实证分析［J］. 统计与决策，2013（10）：161 – 163.

［76］彭俞超. 金融功能观视角下的金融结构与经济增长——来自1998～2011年的国际经验［J］. 金融研究，2015（1）：32 – 49.

［77］桑百川，黄漓江. 政府支出与经济波动——基于省级面板数据的实证分析［J］. 南方经济，2016（8）：60 – 74.

［78］邵毅平，金珺. 金融资产会计准则的历史演进与最新发展［J］. 商业会计，2014（3）：15 – 18.

［79］孙杰. 发达国家和发展中国家的金融结构、资本结构和经济增长［J］. 金融研究，2002（10）：14 – 24.

［80］孙立坚. 金融的本质是服务实体经济［N］. 光明日报，2013 – 07 – 05（11）.

［81］王广谦. 中国金融发展中的结构问题分析［J］. 金融研究，2002，42（5）：47 – 56.

［82］王国刚. 关于虚拟经济的几个问题［J］. 东南学术，2004（1）：53 – 59.

［83］王国静，田国强. 金融冲击和中国经济波动［J］. 经济研究，2014（3）：20 – 34.

［84］王千. 从虚拟经济的角度来重构房地产经济理论——房地产虚拟资产特性与宏观经济稳定［C］. 中国虚拟经济研讨会，2007.

［85］王文倩，张羽. 金融结构、产业结构升级和经济增长——基于不同特征的技术进步视角［J］. 经济学家，2022（2）：118 – 128.

［86］王雄元，张春强，何捷. 宏观经济波动性与短期融资券风险溢价［J］. 金融研究，2015（1）：68 – 83.

［87］王益君. 资产价格波动的通货膨胀预期效应基于房地产市场的实证分析［J］. 财经理论与实践，2016（1）：118 – 122.

［88］王永钦，高鑫，袁志刚，等. 金融发展、资产泡沫与实体经济：一个文献综述［J］. 金融研究，2016（5）：191 – 206.

［89］王渊，杨朝军，蔡明超. 居民风险偏好水平对家庭资产结构的影响——基于中国家庭问卷调查数据的实证研究［J］. 经济与管理研究，2016，37（5）：50 – 57.

［90］魏先华，张越艳，吴卫星，等．我国居民家庭金融资产配置影响因素研究［J］.管理评论，2014，26（7）：20 - 28.

［91］吴超．我国金融结构优化和经济增长稳定性研究［D］.北京：中共中央党校，2012.

［92］吴雨，彭嫦燕，尹志超．金融知识、财富积累和家庭资产结构［J］.当代经济科学，2016，38（4）：19 - 29.

［93］伍超明．虚拟经济与实体经济关系研究——基于货币循环流模型的分析［J］.财经研究，2004，30（8）：95 - 105.

［94］武志．金融发展与经济增长：来自中国的经验分析［J］.金融研究，2010（5）：58 - 68.

［95］谢平．中国金融资产结构分析［J］.经济研究，1992（11）：30 - 37.

［96］徐梅，李晓荣．经济周期波动对中国居民家庭金融资产结构变化的动态影响分析［J］.上海财经大学学报，2012（5）：54 - 60.

［97］徐梅．货币政策对金融资产结构及宏观经济波动的有效性研究［J］.当代经济科学，2016，38（6）.

［98］徐梅．金融资产结构与经济波动关联性的实证研究——基于 VAR 模型的分析［J］.云南财经大学学报，2012（2）：119 - 125.

［99］许宪春．国际上国民经济核算新发展［J］.统计研究，2002，19（6）：45 - 47.

［100］许宪春．国内生产总值核算的重要意义和作用［J］.中国统计，2003（2）：8 - 9.

［101］鄢莉莉，汪川，王一鸣．中国宏观经济波动与最优外国债券持有规模［J］.金融研究，2014（3）：11 - 26.

［102］杨大宇，许晓芳，陆正飞．金融结构与企业过度投资：基于社会融资结构的证据［J］.管理世界，2023，39（7）：121 - 140.

［103］杨圣明．美国金融危机的由来与根源［N］.人民日报，2008 - 11 - 21（07）.

［104］姚德权，刘润坤．金融体系结构的影响因素：基于银行与市场主导型双重视角的研究［J］.中国软科学，2023（6）：180 - 190.

［105］易纲，宋旺．中国金融资产结构演进：1991 - 2007［J］.经济研究，2008（8）：4 - 15.

［106］易纲．再论中国金融资产结构及政策含义［J］.经济研究，2020，55（3）：4－17.

［107］易纲．中国金融资产结构分析及政策含义［J］.经济研究，1996（12）：26－33.

［108］于成永．金融发展与经济增长关系：方向与结构差异——源自全球银行与股市的元分析证据［J］.南开经济研究，2016（1）：33－57.

［109］袁国敏．虚拟经济核算的基本框架设计［J］.滨海大学学报（哲学社会科学版），2010（5）：112－115.

［110］袁国敏．虚拟经济统计核算：理论与方法［M］.北京：经济科学出版社，2009.

［111］袁申国，陈平，刘兰凤．汇率制度、金融加速器和经济波动［J］.经济研究，2011（1）：57－70.

［112］约瑟夫·熊彼特．经济发展理论［M］.北京：商务印书馆，1991.

［113］［美］约翰·梅纳德·凯恩斯．货币论［M］.北京：商务印书馆，1986.

［114］张斌．预期、资产价格与总需求——一个简明的理论框架［J］.经济学季刊，2012，11（3）：893－908.

［115］张海云．我国家庭金融资产选择行为及财富分配效应［D］.广州：暨南大学，2010.

［116］张梦云，雷文妮，曹玉瑾，等．信贷供给与经济波动：我国货币政策银行信贷渠道的微观检验［J］.宏观经济研究，2016（1）：59－72.

［117］张明，任烔秀．经济波动与产业结构合理化的相互作用关系研究［J］.经济问题，2019（6）：55－64.

［118］张培源．中国股票市场与宏观经济波动溢出效应研究［J］.经济问题，2013（3）：46－50.

［119］张学勇，贾琛．居民金融资产结构的影响因素——基于河北省的调查研究［J］.金融研究，2010（3）：34－44.

［120］张屹山，华淑蕊，赵文胜．中国居民家庭收入结构、金融资产配置与消费［J］.华东经济管理，2015（3）：6－10.

［121］张屹山，田依民．中国经济波动率对经济增长率非对称影响效应

的实证分析 [J]. 东北师大学报（哲学），2015（4）：1 – 7.

[122] 张宗新. 金融计量学 [M]. 北京：中国金融出版社，2008.

[123] 赵根宏，林木西. 预期冲击、情绪与中国宏观经济波动 [J]. 经济体制改革，2016（3）：37 – 42.

[124] 赵振全，于震，刘淼. 金融加速器效应在中国存在吗？[J]. 经济研究，2007（6）：27 – 38.

[125] 郑挺国，靳炜，方匡南，等. 媒体信息、预期冲击与经济周期波动——基于中文财经类报刊数据 [J]. 数量经济技术经济研究，2023，40（2）：202 – 220.

[126] 周建军，孙倩倩，鞠方. 产业结构变迁、房价波动及其经济增长效应 [J]. 中国软科学，2020（7）：157 – 168.

[127] 周业安，赵坚毅. 我国金融市场化的测度、市场化进程和经济增长 [J]. 金融研究，2005（4）：68 – 78.

[128] 祝宪民. 房地产的实物资产和虚拟资产双重属性研究 [J]. 广东社会科学，2013（4）：16 – 20.

[129] 庄子罐，赵晓军，傅志明. 预期与中国经济波动 [J]. 浙江社会科学，2014（8）.

[130] 庄子罐，崔小勇，龚六堂，等. 预期与经济波动——预期冲击是驱动中国经济波动的主要力量吗？[J]. 经济研究，2012（6）：46 – 59.

[131] 庄子罐，韩恺明，刘鼎铭，等. 资产价格、预期冲击与中国宏观经济波动 [J]. 金融研究，2023（8）：1 – 18.

[132] Aghion P, Bacchetta P, Rancière R, et al. Exchange rate volatility and productivity growth：The role of financial development [J]. Journal of Monetary Economics, 2006, 56（4）：494 – 513.

[133] Aliaga-Diaz R, Olivero M P. Macroeconomic Implications of Market Power in Banking [J]. Drexel University Working Paper, 2008.

[134] Beaudry P, Lucke B. Letting Different Views about Business Cycles Compete [J]. NBER Macroeconomics Annual, 2010, 24（1）：413 – 456.

[135] Beaudry P, Portier F. The "news view" of economic fluctuations：Evidence from aggregate Japanese data and sectoral US data [J]. Journal of the Japanese & International Economies, 2005, 19（4）：635 – 652.

[136] Beaudry P, Portier F. When can changes in expectations cause business cycle fluctuations in neo-classical settings? [J]. Journal of Economic Theory, 2004, 135 (1): 458 –477.

[137] Beck, Thoesten, Asli Demirgüc-Kunt, Ross Levine, and Vojislav Maksimovic. Financial structure and economic development: firms, industry, and country evidence [M] //Demirgüc-Kunt and Levine. Financial structure and economic growth: a cross-country comparison of banks, markets, and development", Cambridge, Massachusetts: The MIT Press, 2001.

[138] Bernanke B, Gertler M, Gilchrist S. The Financial Accelerator and the Flight to Quality [R]. NEBR Working Paper, 1994.

[139] Bernanke B, Gertler M, Gilchrist S. The financial accelerator in a quantitative business cycle framework [M]. Elsevier, 1999.

[140] Bernanke, B. Irreversibility, Uncertainty and Cyclical Investment [J]. The Quarterly Journal of Economics, 1983 (97) : 85 –106.

[141] Black, F. Business Cycles and Equilibrium [M]. New York: Basil Blackwell, 1987.

[142] Debrun X, Pisani-Ferry J, Sapir A. Government size and output volatility: should we foresake automatic stabilisation? [J]. IMF Working Papers, 2008 (66): 1 –74.

[143] Dell' Ariccia G, Igan D, Laeven L. Credit Booms and Lending Standards: Evidence from the Subprime Mortgage Market [J]. Journal of Money, Credit and Banking, 2012, 44 (2 –3): 367 –384.

[144] Demirgüç-Kunt, Asli, Erik Feyen, et al. Optimal Financial Structures and Development: The Evolving Importance of Banks and Markets [R]. World Bank Working, 2011.

[145] Demirgüç-Kunt. A. , & Levine, R. . Bank-Based and Market-Based Financial Systems-Cross-Country Comparisons [R]. Policy Research Working Paper Series 2143, World Bank, 1999.

[146] Farhi, E. , J. Tirole. Bubbly Liquidity [J]. Review of Economic Studies, 2012, 79 (2) : 678 –706.

[147] Fernández-Villaverde J, Guerrónquintana P, Kuester K, et al. Fiscal

Volatility Shocks and Economic Activity [J]. Electronic Journal, 2011, 105 (11): 3352 – 3384.

[148] Fisher J D M. The dynamic effect of neutral and investment-specific technology shocks [J]. Journal of Political Economy, 2006, 114 (3): 413 –451.

[149] Fukuda K. A Cohort Analysis of Equity Shares in Japanese Household Financial Assets [J]. Journal of Financial Econometrics, 2009, 9 (2): 409 –435.

[150] Furlanetto F. , Seneca M. . Investment specific technology shocks and consumption [J]. Social Science Electronic Publishing, 2011, 55 (35): 37 – 55.

[151] Greenwood J, Hercowitz Z, Krusell P. Long-Run Implications of Investment-Specific Technological Change [J]. American Economic Review, 2001, 87 (3): 342 – 362.

[152] Guttmann Robert. How credit-money shapes the economy [M]. M. E. Sharpe, 1994.

[153] Jaimovich N, Rebelo S. Can News about the Future Drive the Business Cycle? [J]. American Economic Review, 2009, 99 (4): 1097 – 1118.

[154] John B. Taylor and Michael Woodford (ed.) , Handbook of Microeconomics , Elsevier Science Publishers , B. V. 1999: 1306 – 1340.

[155] Justiniano A, Primiceri G E. The Time-Varying Volatility of Macroeconomic Fluctuations [J]. American Economic Review, 2008, 98 (3): 604 – 641.

[156] Justiniano, Primicerige, Tambalottia. Investment shocks and the relative price of investment [J]. Review of Economic Dynamics, 2009, 14 (1) : 102 – 121.

[157] Kato R, Kiyotaki N, Moore J. Credit Cycle [J]. Journal of Political Economy, 1997, 105 (2): 211 –248.

[158] La Porta, Rafael, Florencio Lopez-de-Silanes, Andrei Shleifer, and Robert W. Vishny. Investor protection and corporate governance [J]. Journal of Financial Economics, 2000 (58): 3 – 27.

[159] La Porta, Rafael, Florencio Lopez-de-Solanes, Andrei Shleifer, and Robert W. Vishny. Law and finance [J]. Journal of Political Economy, 1998 (106): 1113 – 1155.

[160] Lee Y, Sung T. Fiscal Policy, Business Cycles and Economic Sta-

bilisation: Evidence from Industrialised and Developing Countries [J]. Fiscal Studies, 2007, 28 (4): 437 – 462.

[161] Levine, R. Bank-based or market-based financial systems: which is better? [J]. Journal of Financial Intermediation, 2002 (11): 398 – 428.

[162] Lutzenberger F, Gleich B, Mayer H G, et al. Metals: resources or financial assets? A multivariate cross-sectional analysis [J]. Empirical Economics, 2017 (35): 927 – 958.

[163] Mandelman F S. Business Cycles and the Role of Imperfect Competition in the Banking System [J]. International Finance, 2011, 14 (1): 103 – 133.

[164] Martin A, Ventura J. Economic Growth with Bubbles [J]. American Economic Review, 2003, 102 (6): 3033 – 3058.

[165] Merton Robert C. , and Zvi Bodie. Financial infrastructure and public policy: a functional perspective [R]. Havard Business School Working Paper, 1995.

[166] Mohanty M S, Zampolli F. Government Size and Macroeconomic Stability [J]. Bis Quarterly Review, 2009, 38 (1): 117 – 132.

[167] Pindyck, R. Irreversibility, Uncertainty, and Investment [J]. Journal of Economic Literature, 1991 (29) : 1110 – 1148.

[168] Poshakwale S S, Mandal A. Determinants of asymmetric return co-movements of gold and other financial assets [J]. International Review of Financial Analysis, 2016 (47): 229 – 242.

[169] Spanò M. Financial assets overhang in Europe [J]. Journal of Post Keynesian Economics, 2014, 37 (3): 503 – 527.

[170] Syrquin M, Chenery H B. Patterns of development, 1950 to 1983 [R]. World Bank, 1989.